Benjamín Jarnés

PAULA
Y
PAULITA

NOVELA

Edición
Juan Herrero Senés

 - STOCKCERO -

ISBN: 978-1-934768-89-1
Library of Congress Control Number: 2017953769

Set in Linotype Granjon font family typeface
Printed in the United States of America on acid-free paper.

Published by Stockcero, Inc.
3785 N.W. 82nd Avenue
Doral, FL 33166
USA
stockcero@stockcero.com

www.stockcero.com

Benjamín Jarnés

PAULA
Y
PAULITA

NOVELA

Índice

INTRODUCCIÓN

VITALISMO Y LITERATURA

En los años que median entre 1925 y 1936, el escritor aragonés Benjamín Jarnés (1888-1949) publicó algunas de las novelas más importantes de la época, repletas de prosa lentamente cincelada, cuajada de sorprendentes metáforas que se engarzan hasta el infinito, auténticos rosarios de recuerdos y translaciones literarias de encuentros y ensueños del escritor. Destacan títulos como *El profesor inútil* (1926), *El convidado de papel* (1928), *Locura y muerte de nadie* (1929), *Paula y Paulita* (1929), *Teoría del zumbel* (1930), *Escenas junto a la muerte* (1931) o *Lo rojo y lo azul* (1932), que en cierta manera puede entenderse su última gran novela, a falta de publicarse en 1934 una segunda edición de *El profesor inútil* que prácticamente triplicaba su contenido y es considerada por muchos, entonces y ahora, el broche final de toda una época de vanguardismo literario.

He proporcionado en la introducción a *Escenas junto a la muerte*, publicada en esta misma editorial en 2010, un perfil biográfico de Jarnés al que remito al lector interesado, así que dedicaré las páginas que siguen a presentar algunos vectores de su proyecto estético que sirvan para enmarcar la lectura de la novela aquí ofrecida, *Paula y Paulita*, sin duda una de las mejores de su autor.

1929 resultó un año crucial para Jarnés. No sólo porque publicó dos de sus novelas más arriesgadas, *Paula y Paulita* y *Locura y muerte de nadie*, la primera versión de la fábula medieval *Viviana y Merlín* y la biografía *Sor Patrocinio, la monja de las llagas*, sino porque, en una frase, en esa fecha pasó de exclusivamente literato a ser además un intelectual (o en el vocabulario de Jarnés, un «árbitro» o «noble mediador»), tanto por lo que respecta a la consideración que tenía de sí mismo como la que le tenían los demás. La importancia de este año queda corroborada por el hecho de que el periodista Darío Pérez le dedicó a Jarnés, en tanto que «elemento representativo de la nueva literatura» un capítulo-entrevista en su libro *Figuras de España*, donde se incluían retratos de las más importantes personalidades del momento.

A estos sucesos personales y en gran medida circunscritos al ámbito literario debe sumársele la trascendencia histórica de 1929. La dictadura de Primo de Rivera se encontraba en un proceso de decadencia, y muchas eran las veces que clamaban contra ella, y una de las más férreas, que «volvía» con ansias de realización después de un paréntesis, era la de José Ortega y Gasset. Entre otras muchas lecturas, la de *La rebelión de las masas* fue seguramente uno de los factores de la sensibilización de Jarnés hacia los asuntos sociales que lo conducirían a plantearse su propio papel.

El punto de partida parecía, en su abstracción, claro: por un lado, los artistas, cultos, en libertad, dedicados a su arte intrascendente; por otro, la ascendencia imparable de «la masa» que, entre otras cosas, parecía poner en peligro la existencia de un espacio donde el artista pudiera dedicarse a su trabajo. Y en medio, ineludible, la necesidad de formación de una minoría intelectual de estirpe burguesa que aportara una interpretación fría y coherente de lo que sucedía en la realidad y de lo deseable, para, en un segundo momento, dirigir a los distintos actores sociales hacia ese fin. Jarnés, que se sabía miembro del grupo selecto de artistas, pero que no estaba dispuesto a tomar sobre sí el peso específicamente *político* de la misión de la minoría «directora», acogió sin embargo con excitación su inclusión en ella: «Desde 1929, ¡qué oscilaciones, qué intensidades y depresiones! Parecía que hasta entonces no había comenzado yo a vivir. Sentí el envaramiento del que penetra en un ámbito social nuevo...». Todo esto significaba *ampliar* el radio de acción de sus escritos, apartarse de la reclusión en una escritura minoritaria y hermética, para superar el marco estrictamente literario y alcanzar a la opinión pública, a una masa social con profundos problemas de convivencia y de sociabilidad. Ésa podría ser una de las razones que decidieron a Jarnés a ampliar los temas de su escritura con colaboraciones periodísticas en los principales diarios nacionales: *El Sol, La Voz, Luz, Crisol, La Vanguardia, El Norte de Castilla, El Mercantil Valenciano* o *La Voz de Aragón.*

El reconocimiento por parte de Jarnés de la nueva situación conllevó, naturalmente, cambios en su pensamiento, claramente perceptibles dentro y fuera del campo de la estética precisamente a partir de ese año de 1929. Por esas fechas se produjo la formulación del integralismo jarnesiano, esto es, la voluntad de reconocer al hombre en la totalidad de sus medios de expresión vital. Proyecto que sólo adquiere toda su dimensión unido a la recuperación de la realidad del mundo perceptible como origen de toda experiencia estética: «el arte verdadero parte del mundo sensible para elaborar sus estructuras ideales. Se sale del recinto de la propia intimidad para recoger de cada «cosa» su porción inédita de belleza».

La problemática última que alienta la producción jarnesiana consiste en sugerir mediante la ficción una respuesta sólida y afirmativa al interrogante que supone la vida. De entrada, este vitalismo entiende la vida como lo más valioso que uno construye con su propio existir, a cada momento: «Es la misma vida: la primera y máxima preocupación. (Luego viene el amor, después el saber... Vivir, amar, saber. Lo demás, ¿qué puede importar frente a esto?)». En referencia a los autores con inclinaciones parecidas, Jarnés prefiere hablar del grupo de «los grandes voluptuosos», constituido por aquellos «que afirman y afirmarán siempre que la vida –esta pobre vida nuestra, tan calumniada– vale la pena de vivirse». Esta mención nos lleva a dos autores de primer orden en el ideario jarnesiano: José Ortega y Gasset, «el primer educador de España» y Friedrich Nietzsche, a quien Jarnés nombró en 1928 «el más alto poeta iniciador» del «arte actual».

En 1929, cuando apareció publicada la obra que nos ocupa, Jarnés definía su ubicación en el sistema literario español reconociéndose representante de la generación más joven, «la de los hombres del laboratorio y de la ardiente esperanza», pero a la vez sintiéndose cerca de las anteriores, «la de los hombres del taller, ya resignados a faenas acaso no soñadas en su ardiente juventud». En un testimonio publicado mucho después, la dedicatoria que encabezaba *Cartas al Ebro* (1940), el Jarnés exiliado en México se reubicaba entre los escritores del Arte Nuevo, aunque pensaba que su pertenencia a él sólo parcialmente explicaba su trayectoria. Éstos se distinguían por la rebeldía y «yo fui el menos rebelde. […]Soy de mi generación, pero mi generación sólo en parte me ha formado. Acaso vine formado desde los tiempos de mis grandes amigos: Marcial, los Argensola, Gracián, Goya y el Ebro...» (334).

Desde el año 1925, cuando su nombre empezó a sonar en los cenáculos literarios madrileños, y hasta el final de su carrera, Jarnés se dedicó a la doble tarea de escribir ficciones, principalmente las novelas ante aludidas, y textos ensayísticos donde reflexionaba sobre las nuevas formas literarias, alentaba a los jóvenes a producir, y avisaba sobre posibles peligros y contratiempos. Ya en 1927, en el volumen *Ejercicios*, Jarnés había dado algunas claves de su arte literario. Se mencionan ahí conceptos caros al autor como «armonía», «disciplina», o «voluptuosidad», y exhortaciones a huir de la ironía aguda y del puro juego verbal merced al cultivo de la lentitud, el esfuerzo y el «pensar en soledad». El arte tiene una tarea propia: proporcionar configuraciones inéditas de la realidad «para poder seguir soñando», y con ello cumple máximamente su papel como una más de las formas de conocimiento, al generar nuevos sentidos del mundo e iluminar prismas inéditos de la realidad.

Dos años después, en 1929, aparecía la importante «nota preliminar» a *Paula y Paulita*, que a modo de manifiesto buscaba desperezar el ambiente literario de los nuevos escritores denunciando sus males, y presentar un modo superador de entender la relación entre el arte y la realidad. Jarnés comenzaba notando que tras desechar la tradición anterior, el Arte Nuevo «vacila. Se abstiene». Es decir, no ofrecía obras que plasmaran la nueva sensibilidad. ¿Por qué? A lo que Corpus Barga había llamado «timidez», y Azorín «falta de audacia», Jarnés lo nombraba sin paliativos «miedo»: se evitaba abrir nuevos caminos, o seguir los ejemplos fecundos de los mayores; se revisaba en exceso, y se caía en la cautela desproporcionada; el escritor nuevo temía al fracaso, y le paralizaba la inhibición ante la doble desnudez de la destrucción o el folio en blanco. Pero el origen último de ese miedo residía en la distancia entre la realidad y el artista. De ahí esta definición: «Llamaremos, pues, miedo a cierto frío espiritual –que a veces se atribuye, aturdidamente, a la razón– capaz de abrir anchos espacios vacíos entre el espíritu y las cosas». Esa distancia tenía una larga genealogía: surgía de un «menguado conocimiento» de las cosas, lo que producía una «falta de amor» por ellas que causaba a su vez «escasa intimidad con los seres», esto es, distancia, que finalmente engendraba miedo cuando el propio artista ampliaba esta separación en vez de eliminarla y probaba a hablar de lo que no sabía. La solución pasaba por que «volvamos a enamorarnos del mundo, risueñamente, como niños». El amor, concepto que en Jarnés integra autoconocimiento, intimidad, alegría y serenidad era, como ya indicó James Bernstein, la compleja clave. Querer lo real, las cosas que nos envuelven desde una apropiación personal y calmada. Reencontrarse con la materia del mundo y plasmar esa interrelación.

Como se observa, tras la denuncia el miedo y la falta de rumbo de la nueva promoción literaria, y su carencia de obras sólidas, se ofrece una salida a partir de la idea de un reencantamiento con la realidad circundante que unida a la propia vivencia personal proporcione la materia prima para la escritura. Este reeencamiento es en realidad un ree-

namoramiento que reivindica complementar el acerca-
miento racional a la realidad –que tiende a la frialdad, al
análisis- con la participación de las emociones y los deseos.
Por eso dentro de la misma *Paula y Paulita* el narrador
afirma: «la razón es la gran aniquiladora. Ha cultivado
Brook con exceso la razón. Se ha destruido. Le atrajo todo
y todo le fue repeliendo». Con esta novela, Jarnés comenzaba a abogar por la inclusión de las demandas de todas las
facultades humanas, y tachaba de «intelectualismo» la
dominación de la razón que había predominado en la
joven literatura española alrededor del año 1925.

Y ése era precisamente el paso que el propio Jarnés
había dado: «volver» al mundo tras el auto-encierro plas-
mado en sus dos primeras novelas (*El profesor inútil* y *El
convidado de papel*) y la experiencia desagradable de la
reentrada en lo real narrada en la tercera (*Locura y muerte de nadie*). Ansiaba nuestro autor ver rotas, definitivamente, las hostilidades entre el mundo y él. De la contemplación solipsista, que sólo parecía reconocer el mundo
como correlato de las propias sensaciones, se pasaba a la
vivencia *erótica* con lo real (por eso Jarnés habla de «la violación del artista» en *Paula*), y así al reconocimiento de lo
otro en su sustantividad. El cambio puede observarse
atendiendo a la resemantización de la palabra «materia».
En un artículo titulado «El aro, el amante, el atril» (1928),
la alegría constitutiva del Arte Nuevo «sólo puede nacer
de un prodigioso equilibrio de la mente, divorciada de
toda *mezquina* aportación de la materia» (mis cursivas).
En la nota preliminar, por el contrario, Jarnés afirma que
«las cosas están ahí, esperando al hombre decidido. [...] la
materia es siempre dócil al espíritu sincero cuya vitalidad
es una continua creación.». La materia, en tanto que cons-

titutiva de la realidad sensible, ha pasado de ser terreno enemigo a campo donde cultivar la propia sensibilidad, y así, la capacidad de goce. Jarnés busca desmantelar la frialdad y el intelectualismo que dominan en el Arte Nuevo y le impiden alzar el vuelo, cambiar un arte estéril y medroso, enfrentado a la realidad, por un arte de la abundancia y la voluptuosidad en el diálogo con el mundo. Un tránsito parecido experimenta Julio Aznar, el protagonista de varias novelas jarnesianas. Cuando se excede en la autocontemplación y pierde la realidad, su solipsismo le lleva al fracaso mundano (por apelmazamiento, dejadez, tedio, etcétera). Un Julio más abierto al entorno, más receptivo y sensible, alcanza el presente del placer. Así, en *Paula y Paulita*, es sólo cuando Julio reconoce que «he vuelto a ser niño, entre mis juguetes luminosos, y a tender mis brazos a los niños que no comprenden la ironía» (121) que consigue gozar del cuerpo de Paula. Con la «Nota preliminar», Jarnés invocaba desde su posición de autoridad la necesidad de un cambio de rumbo literario planteado como superación del miedo a través de la recuperación amorosa de la materialidad del mundo. Ello implica automáticamente una reivindicación del cuerpo, y así de *la sensibilidad*, durante tantos siglos vilipendiados. La sensibilidad representa la fusión armoniosa e indiscernible de la inteligencia con la sensualidad. Y se establece como modo primordial de conocimiento, pues es la puerta a la realidad y la prueba de la existencia: «Culto a los sentidos, con todos sus riesgos y virtudes. [...]Prohibida la entrada a todo lo que no llegue por los caminos de la tierra». A la vez, la sensibilidad es también el vehículo del goce y del dolor, por tanto, epicentro de las emociones.

La sensibilidad existe siempre encarnada. El cuerpo

constituye su modo fundamental de expresión vital, reconocidos su esencial verdad y poder: «Somos dueños de nuestros sentidos, pero también somos sus víctimas. Cuando queremos alzar nuestras sensaciones al séptimo cielo, pronto nos damos cuenta de que, como Clavileño, no nos hemos movido de la tierra». Por el cuerpo se hacen realidad las sensaciones, y gracias a él es posible el contacto superior con el otro: el contacto erótico —que no el mero goce sexual—, prueba de la existencia de la emoción superior, el amor. A éste último le dedicó Jarnés, entre otras muchas páginas, su conferencia «El amor en la novela» (1934), donde lo definía como un «milagro de la civilización» (261); se lo tacha de impuro —una virtud— y se dice de él que «no tiene razones, atropella todo cálculo, brinca sobre toda escala de valores». Disfrutarlo, *y luego referirlo* —narrarlo supone volverlo a vivir, recrearlo a voluntad— constituye «lo más delicioso de la vida humana». Por eso los poetas pueden acreditarse, entre todos los hombres, como los máximos creadores y paladines del amor; y por eso aparece en toda buena novela. El amor, en definitiva, supone para Jarnés la forma superior de conocimiento del prójimo, que supera el goce del puro instinto para establecer un dulce diálogo con el otro. Por eso actúa de antídoto contra el odio, tipificado por Jarnés como una de las principales lacras de la sociedad española de los años treinta.

El espectro de modos de realización emocional al que según Jarnés accede el hombre con el cultivo moroso de su sensibilidad no se acaba con el amor, sino que es amplísimo. Entre los principales pueden citarse: la generosidad, la tolerancia, la voluptuosidad, el diálogo y la creación artística. Todos, como puede observarse, poseen parecida tonalidad: se basan en el goce de la propia personalidad que se contempla y reconoce en la tesitura de su apertura a lo otro, al que se busca conceder un valor en sí, sin reificarlo, frente al sujeto. Así no extraña que estas emociones sean a su vez modos *espirituales* en los que el hombre se realiza, es decir, en los que se constituye realmente como hombre. Todos estos temas aparecen entrelazados en esta novela.

Paula y Paulita, novela en dos fases

Paula y Paulita se muestra muy claramente dividida en dos partes. La primera, «el número 479», está datada en 1925-1926. La segunda, «Petronio», tres años después, fecha también del prólogo que encabeza la obra. Efectivamente, Jarnés utilizó materiales producidos a lo largo de cuatro años. Como es habitual en la producción de Jarnés y de hecho en las prácticas de difusión literaria de la época, diversos fragmentos de la novela aparecieron previamente en publicaciones periódicas y luego fueron cuidadosamente ensamblados en la publicación en forma de volumen. Así, al menos diez textos que antes habían visto la luz de forma independiente en revistas y diarios (entre ellos *Revista de Occidente, Litoral, Ulises, Mediodía, La Nación* o *La Gaceta literaria*) acabaron formando parte del libro aparecido en 1929. Eso, junto a lo explicado en las páginas anteriores sobre la evolución del pensamiento jarnesiano, explica las diferencias temáticas y de tono entre ambas partes.

En nexo de unión entre las dos es el personaje de Julio y sus aventuras junto a la pareja de madre e hija aludidas en el título. Los tres han coincidido en un sanatorio de aguas termales (basado en el balneario aragonés de Alhama de Aragón, en el que el propio Jarnés se trató de la gota) y la casualidad ha producido su encuentro. La primera parte se centra en los intentos fracasados de seducción de la más joven de la pareja por parte del protagonista, y en realidad encadena al compás de un prosa estilizada y sensorial la serie de asedios de Julio y cómo este reflexiona sin orden preciso a propósito de sus experiencias y sensaciones. Así, por ejemplo, la fascinación por las semejanzas y diferencias entre madre e hija o el contraste entre el paisaje rural y la artificiosidad de las termas. A Julio le puede la pulsión erótica y el demorarse en la evaluación de lo que vive y el paisaje que le envuelve; desgrana, analiza, separa y clasifica los cuerpos, las personas, las opiniones, las acciones y las reacciones, frente al aparente descaro y espontaneidad del comportamiento femenino. Esta primera parte es más analítica e irónica, mientras que la segunda, sin abandonar el perfil lúdico de la obra, mezcla componentes dramáticos e incita a una reflexión más aguda. Ello se nota también estilísticamente, pues la descripción sensorial e intelectiva –de los pensamientos del protagonista– queda en un segundo plano frente al impulso narrativo que domina en la segunda. Pero no narrativo en cuanto a las acciones que ocurren en la novela, que son tan escasas como en la primera parte, si no porque esta parte es en gran medida un encadenamiento de historias y fábulas surgidas al hilo de un paseo por alguno de los parajes cercanos al balneario. En este paseo a los personajes que hemos ya encontrado en la primera parte se va a unir un cuarto que en realidad es la presencia más significativa de toda esta mitad de la novela: Mister Brook, el amante de Paula (y padre de Paulita), cuya intención última al visitar las termas es despedirse de su hija y suicidarse en el lugar donde disfrutó del amor de su madre. Brook se va a convertir en un cicerone que, de vueltas de la vida, conduce a los personajes por los parajes cercanos –cerros, grutas, ruinas- mientras va explicando la génesis de su fracaso, esto es, la pérdida de ganas de vivir que le ha conducido a la decisión de acabar con su vida. Brook alecciona a Julio buscando imbuirlo de su nihilismo mientras que a la vez ejerce de sátiro que paladea los últimos rescoldos del amor y se regodea en explicar –o inventar, tanto da- historias de sesgo erótico referidas a los distintos lugares por donde pasea el grupo. Brook ha perdido la capacidad de ilusionarse con lo que le pasa, aparece cansado y desesperanzado –pero sin patetismo- y su único consuelo reside en languidecer en una amistad efímera mientras inventa y fabula.

Pero no todo es de un único color. Si bien la liberalidad de Mister Brook en la invención de historias remite a su imposibilidad para saborear la vida, ella misma es índice de la facultad de la narrativa para hacer vivo y deseable aquello que pueda ser yermo pasaje, silencio, ruina, paisaje mudo. Brook da vida, mediante la narración, a todo lo que toca, haciéndolo significativo y atrayente, insertándolo aunque sea por unos minutos en la narrativa de nuestra propia vida. Para ello -como el propio Jarnés- no duda en acumular ironía y erudición en un despliegue de referencias históricas, literarias y mitológicas –verdaderas e inventadas- que remiten a la tradición occidental, del poeta bilbilitano Marcial al siglo XIX. Y es que la tradición es un fabuloso repositorio, vivo y disponible, de anécdotas, historias y enseñanzas que han superado el paso del tiempo. Todas las cosas, los lugares, están impregnados —o preñados- de historias verdaderas o posibles, de recuerdos que son reales o construidos, y de aconteceres que les hacen irradiar sentido. Lo que hace Mister Brook es sacar o hacer brotar alguna de estas impregnaciones a la luz para regocijo propio y de sus acompañantes, para concentrar la mirada en el aquí y el ahora. En ese sentido, las historias de Brook tienen el mismo estatuto, por ejemplo, que el maquillaje que utilizan Paula y Paulita. Ocultan, pero también realzan, señalan, perfilan. El maquillaje se vuelve parte de lo que la persona es en el modo en que se presenta ante los demás.

La dialéctica entre la primera y la segunda parte, que cada lector debe reconstruir, hace aflorar las dificultades —pero también las ambiciones- de una postura vitalista que quiera ir más allá de un entusiasmo ingenuo. Y que tiene que vadear la desilusión, el sinsentido, el hastío, hacer frente a la sobrecarga de estímulos, los deseos y las percepciones, sin negar su doble faz que puede conducir al éxito o al fracaso. Vivir es, aunque suene a perogrullada, afrontar la aventura de querer vivir, desplegar nuestra propia narrativa construida en sus numerosos episodios. La ética de raíz vitalista de Jarnés reconoce el claroscuro pero apuesta por la resistencia. Confía en las experiencias —y en el recuento de estas- como fermento para vivir cada vez mejor.

Esta edición

El texto que presentamos se establece a partir de la primera edición de la obra (Revista de Occidente, 1929) y la edición preparada por Domingo Ródenas de Moya (Península, 1997). Solo se han enmendado algunas erratas y regularizado el uso de mayúsculas.

Como es habitual en esta colección, abundan las notas al pie que aclaran palabras, expresiones y referencias culturales y cuyo único objetivo es facilitar la comprensión de la novela.

Bibliografía

La crítica sobre Benjamín Jarnés posee ya un volumen considerable, y ha sido recientemente ordenada por Juan Domínguez Lasierra: *Benjamín Jarnés (1888-1949). Bibliografía*. Instituto Fernando el Católico, Zaragoza, 2013, libro al que me permito remitir para consultas bibliográficas.

PAULA
Y
PAULITA
NOVELA

Nota preliminar

Tengo delante una moderna construcción. Es una quin-
ta, una casa de placer. Tiene por fachada un blanco, un lim-
pio muro rectangular, abierto aquí y allá por negros, por
exactos cuadrados. Cada frente de la nueva arquitectura es
otro rectángulo. Y otro el barandal de piedra. Y la tapia del
jardín.

Ni aleros, ni hornacinas, ni columnas, ni ménsulas, ni
frisos, ni frontones. Planos, Planos, Planos. Y, detrás, unos
árboles. Líneas, ángulos enjutos, perfectos, desnudos. Y, en
segundo término, el barroco volumen —oro y verde— del
campo.

Abro un libro de versos: Líneas ágiles, delgados chorros
líricos, soterrado patetismo, emociones estranguladas por el
implacable lazo irónico, diseños de sonrisas. Y, detrás, ame-
nazante, ceñuda, la palmeta del dómine, el enorme aparato
tradicional que amenaza caer sobre la desnuda construcción.
Si al arquitecto le amenaza la naturaleza bravía, *al poeta le*
amenaza la escuela *intolerable.*

Y, en un estudio de pintor —recordemos el de Francisco
Bores[1]*—, telas manchadas de gris, de ceniza, de blancos terro-*
sos, donde se asoman, trémulas, unas formas rudimentarias,
bosquejos de seres, estructuras larvadas, sin apoyo, sin tentá-
culos que esclavicen la atención, sin afán alguno de cosechar
palmas: líricos tallos de floras desconocidas que apuntan en
un terreno yermo donde el rastrillo arrancó las últimas raíces.

El arte descendió al Jordán, hundió en él su carga de

---

1   *Francisco Bores*: Pintor español (1898-1972) que participó activamente en
la escena cultural española de las primeras vanguardias, y con el que
Jarnés trabó amistad en Madrid hacia 1924.

delitos. Al volver de su bautismo, va retrasando la hora de volver a vestirse. Libre de la abrumadora impedimenta de siglos, respira en sus días de vacación, sin decidirse a obrar de nuevo, a pecar de nuevo —porque sólo en el pecado es posible ser originales, ya que las virtudes prefieren la pauta común—. El arte balbucea. Vacila. Se abstiene.

El arte tiene miedo.

No sabe qué pintar en el muro en blanco.

2

Aquí está la última razón del virginal rectángulo desnudo y de la tela gris.

El arte tiene miedo. Es ésta una época de arte que nada tiene de heroica, a menos que podamos llamar heroico a un exceso de cautela. El artista no tiene con qué cubrir su desnudez, arrojado del fértil paraíso de la exuberante fantasía, del capricho desmelenado. Se siente que esa fachada, que esa tela, que esa página rechazarían al menos sospechoso relieve, aun al más sobrio. Y todo por miedo. *Por miedo a reanudar sus rotas relaciones con el guardarropa tradicional.*

Queda proscrita la indiscreción, la frivolidad, la ligereza, la impaciencia. Pero tanto recelo es sospechoso. Se parece mucho a la tímida pobreza. Apuntaba Azorín que los jóvenes artistas contemporáneos no son lo suficientemente audaces. Ya Corpus Barga había hablado acerca de la timidez de algunos escritores españoles...

Cierto, cierto. Sólo un escritor petrificado puede hablar de audacias en el arte juvenil actual. Los más inteligentes artistas de hoy han caído en esa timidez —graciosa hermana del miedo— en la que asusta toda ruidosa exhibición. Algunos condenan su obra, ya extensa, a delicadezas, a revisiones, a perennes cautelas. El artista más agudo —y el más tímido— se esconde, se repliega. ¿Por desdén? ¿Por flaqueza?

Acaso por manejar demasiado bien la brújula. Acaso en arte es preciso un poco de ceguera, una mínima dosis de aturdimiento. Y hoy el artista conoce demasiado los caminos que cuidadosamente, ha de evitar. En la imposibilidad de inventar otros nuevos, se inhibe.

Nunca, como ahora, está todo por comenzar. El espíritu sincero venera y admira a sus mayores, pero no se cree en el deber de seguir sus ejemplos de fecundidad.

(El caso de Góngora es único, y quizá no tan eficaz como se cree. Un centenario apasionado hizo releer con fervor las Soledades, *y esta relectura —para tantos* lectura— *provocó en muchos de nuestros poetas un nervioso afán, de niño en vacaciones, de repetir los garridos modos y los vetustos temas de Don Luis. Pero el centenario pasó, y con él tan curioso como poco fecundo mimetismo. El espléndido pasado seguirá haciendo graves carantoñas al profesor y al erudito, pero el auténtico artista prefiere seguir andando sin volver la cabeza.)*

Vuelve el arte a la célula. En arquitectura, al plano. En el pentagrama, a la pura línea melódica. En el poema, al esqueleto de imagen.

Desnudez. Punto de partida. Piscina. Lazareto.

Y un gran miedo, un gran miedo a cometer nuevos errores. Algún pródigo no emprenderá ya la marcha. Le gusta demasiado la clásica ternera que manda siempre matar el padre. Sólo el más niño, el hermanito menor —como acontece en el poema de André Gide— sabrá, callandito, echar a correr por el campo, hacia tierras de aventura. Aunque tropiece con las bellotas, con los cerdos.

3

Una obra de arte es siempre un choque con algo que esta-
ba ahí, cerca de nosotros, viviendo sencillamente, sin presu-
mir que de él pudiera brotar el milagro. Hay siempre una
ruptura de hostilidades entre el mundo y el verdadero artista,
cuando comienza a producirse la obra original. De pronto se
interrumpe el tranquilo ritmo de las cosas, y comienza un
compás apresurado, febril, intenso; una nueva vida comienza:
la del arte.

A ese estado no puede llegar el artista indeciso, no puede
llegar el arte medroso. Teme fracasar en la ejecución, y
aguarda que una fuerza superior lo empuje. Por eso, ahorra
todo acto desmesurado. No recuerda que la ejecución puede
ser una serie de momentos geniales insospechados. Toda idea
preconcebida es, en arte, muy dudosa. A ese estado de mara-
villas excepcionales —como diría Paul Valéry[2]— no puede lle-
gar el miedo.

Y las cosas están ahí, esperando al hombre decidido.
Están en derredor nuestro cargadas de posibilidades de belle-
za, como de una luminosa electricidad inagotable que podrí-
amos hacer brotar aproximando a ellas un dedo, bruscamen-
te. Todo, en torno, aguarda la violación del artista. La mate-
ria es siempre dócil al espíritu sincero cuya vitalidad es una
continua creación.

Y el miedo sólo puede proceder de una escasa intimidad
con los seres; y esta escasa intimidad sólo puede nacer de una
falta de amor, y esta falta de amor sólo puede ser fruto de un
menguado conocimiento. La mezquina percepción de los

---

2   *Paul Valéry:* Escritor francés (1871-1945) defensor de un literatura de alta
    intensidad intelectual y sin rastro de emotividad, ejerció gran influencia
    entre los escritores vanguardistas españoles en la primera mitad de los
    años veinte (el primer libro publicado por Jarnés, *El profesor inútil,* se abre
    con una cita suya). Con el paso de los años estos escritores -Jarnés entre
    ellos- se fueron alejado de sus postulados estéticos.

hombres y las cosas no puede encender lumbre alguna apasionada: hablo de esa percepción que ni los libros ni los años pueden enseñar. Y sólo esa llama puede acortar la distancia entre el mundo y nosotros. Llamaremos, pues, miedo a cierto frío espiritual —que a veces se atribuye, aturdidamente, a la razón— capaz de abrir anchos espacios vacíos entre el espíritu y las cosas.

4

Será preciso que volvamos a enamorarnos del mundo, risueñamente, como niños. Que intimemos con él. Que le perdamos el respeto. Que le tiremos de las greñas como a un león domesticado.

Será preciso recordar que sólo en lo sensible puede adquirir su forma una idea. En lo sensible que hayamos hecho nuestro, que hayamos zarandeado como una dócil masa, donde haya prendido la levadura personal de nuestro espíritu. Sin gestos. Sin gritos.

El arte tiene miedo, porque ha olvidado ese camino donde se juntan el mundo y el espíritu: el del amor inteligente, capaz de empujar los astros, las ideas y los hombres.

Sólo ese amor puede hacer que, de nuevo, volvamos a pintar alguna cosa en el muro en blanco.

I
EL NÚMERO 479

I

La antesala es el paraje donde mejor se nos desarrolla la facultad de fingir.

Por eso comienzan en un andén tantas novelas. Es el andén un aula donde aprendemos la asignatura de la cortesanía. Es tocador para el espíritu, donde lo aderezamos para salir –pulidos, escamoteados, risueños– a la pista social. De la antesala salimos transformados, elásticos, flexibles. El hombre que nunca hizo antesalas es un ente incompleto; no conoce el poder de rectificarse, de forjarse caparazones resbaladizos donde fracase la táctica enemiga.

La antesala es un lugar de inquietud. Fría, hostil, necesaria trinchera desde donde el espíritu se lanza a tomar en la vida posiciones avanzadas.

El aire tiene su antesala: el hangar. También el mar la tiene: el puerto. En nuestras visitas por la tierra, la antesala es el andén. Desde cualquiera de las tres se entrega el hombre a poderes oscuros. Pasamos a ser muñecos delezanables a quien un niño puede voltear, desarticular, romper. El andén –este andén– es una antesala donde me dispongo a caer de bruces en lo desconocido.

Tiene el andén dos tiempos: Antes y después, partida y regreso. Me consuela pensar que si me pierdo en el primer tiempo, he de recuperarme en el segundo; volveré a encajarme, como al salir de una visita, mi verdadero rostro, volveré a enfundarme en mi auténtica piel. Si el primer tiempo es patético, el segundo es jovial como todas las resurrecciones. Yo, inerme viajero, bulto anónimo, juguete de un poco de vapor almacenado, víctima posible de un error de segundos, de una manecilla, de un latido eléctrico, seré otra vez dueño de mis huesos, de mis caminos, de mi reloj.

La entrada en el andén es la entrada a la inquietud o a la normalidad. Empieza o acaba el drama. Punto final a la aventura, o preludio de ella.

Con el preludio del andén se inicia hoy mi programa anual de silencio. Con un número estruendoso. Confluyen aquí vehemencias de tan varia aceleración y tan dispares ritmos que sólo el estrépito de tan poderoso titán, como lo es el tren número 502, es capaz de domeñarlas, de fundirlas en un único cauce.

Una tirana voz de mando, el gesto cesáreo de encrespar el bigote, indican que el formidable dragón va a romper toda trayectoria ajena a la suya. Me sumerjo alegremente en el seno del ruidoso dragón que en esta mitología ferroviaria ostenta el número 502. Él borrará de mí el más leve rastro de musiquilla de ciudad, y me devolverá a Aguas Vivas, capaz de percibir algunas de esas vibraciones del campo hasta hoy no catalogadas en ninguna *Pastoral*[3]. Es el vagón una piscina de donde saldré restañado, limpio de todo poso de costumbre y velocidad adquiridas. Primer baño de mi plan curativo.

Defenderé mi derecho al silencio con todas las armas de que dispongo. Al ceremonioso saludo del viajero que ahora sube al vagón, entre dos maletas, contestaré con un

---

3   *Pastoral*: Composición musical destinada a los bailes campestres, y por extensión un tipo de opera donde predominan los motivos en torno a la vida de los pastores.

sobrio y mudo ademán. Quiero adiestrarle en la espinosa tarea de callar. Si subiesen dos o más viajeros, podría borrarme entre sus confidencias. Siendo uno sólo, tendré que servir de contrapeso. Si es locuaz, su charla y mi silencio han de sufrir, en el balancín, muy bruscas oscilaciones.

Extraigo del maletín mi arma favorita: un libro. Me cuelgo al pecho el cartel de «Sed breve. Vuestros minutos son tan preciosos como los míos», impertinente en el tren número 502, porque, con el billete, se regala a cada viajero un generoso cucurucho de minutos sobrantes que es preciso chupar y agotar en el trayecto. Traigo siempre en mis viajes este libro, y suelo, ya en la estación de partida, dejarlo sobre el asiento, con la cubierta bien visible, bien enfilada hacia el enemigo. Fue este libro elaborado por un fraile, y se titula *Molestias del trato humano*[4]. Debe de ser una ametralladora de sentencias hurañas que nunca leí, como no suelo dispararme ese revólver que muestro disimuladamente al pasar por los suburbios donde acecha el cobarde atracador.

Arrecia el preludio. Ajeno al torbellino, el tren número 502 comienza a estrangular despedidas, a abatir brazos, a arrollar pañuelos. Va recogiendo esos febles tentáculos vitales que le mantenían adherido a la estación. Con un gesto desdeñoso de gigante encadenado por un tropel de liliputienses, rompe en un momento todos los hilillos que se cruzaban entre cada ventanilla y su proyección en el andén.

Dentro de los vagones, todos se van resignando a su oscuro papel de vísceras; se van acurrucando en el vientre del monstruo con el gesto del feto que busca la postura

---

4   *Molestias del trato humano declaradas con reflexiones políticas y morales, sobre la sociedad del hombre* (1745), libro escrito por el monje cisterciense Juan Crisóstomo de Olóriz (Zaragoza, 1711-1783) donde se defienden los beneficios de la soledad y los inconvenientes de la vida en sociedad.

más cómoda para aguardar las convulsiones del parto. Reduzco yo también mis dimensiones para ofrecer menos blanco al enemigo. Temo el primer choque, y espío cada movimiento de posible avance. Disputaré palmo a palmo el terreno. Mi diálogo será un puro esquema de ademanes. Acaso la ruta del enemigo termine en la próxima estación: me bastaría entonces un bosquejo de despedida.

Pero se nos huye una estación y él no desciende. No se trata, pues, de una escaramuza, sino de un largo asedio. El cartel del padre Oloriz va ganando eficacia. He sufrido tres agresiones: tres preguntas. A la primera contesté con tres palabras. A la segunda, con dos. A la tercera, con un sobrio zumbido. A la cuarta permaneceré inmóvil. Tal vez este viajero apele, por fin, al monólogo interior. Me desembarazaré de él en Aguas Vivas, y quizá nunca vuelva a verle; mi reputación de hombre huraño divagará un poco entre unos recuerdos de viaje, se perderá en alguna provincia lejana, y, al fin, se desvanecerá por escasez de anécdotas de que nutrirse.

Cuando el viajero, en una retirada honrosa, decide al fin dormirse, el tren me deja en Aguas Vivas. Los bañistas desaparecemos del andén por escotillón, y después de cruzar un largo pasillo subterráneo, caemos en los brazos solícitos de la Empresa, que allí nos aguarda con un auto. Y es tan mezquino el trayecto desde la estación a las Termas, que el coche se cree obligado a describir algunos arabescos a través del Parque, para así poder acreditar en las facturas una partida más.

Realizamos este breve simulacro de viaje y, al minuto, nos acoge el hotel.

—Al número 479—me dice un empleado, mientras otro recoge la maleta.

¿El 479? Es imposible retenerlo en la memoria. Para lograrlo de algún modo, descompondré el grupo de tres cifras en otros tantos sumandos. Me gustan los valores absolutos: 4+7+9. Igual 20. El 20 es ya más fácil de retener, pero aún es preciso avanzar en la simplificación. Descompondré el 20 en dos factores: 2 X 10. Suprimiré el segundo. Basta con recordar la inutilidad del 0. Me queda el 2. Un extracto, casi un símbolo, del 479. Con esta célula arbitraria, recompondré en todo instante el organismo.

Después de un leve trámite policiaco, subo pausadamente al piso que me indican. Es cerca de medianoche. Como de lámpara a lámpara hay un largo trecho, queda en sombra un buen trozo de pasillo. Apenas alcanzo a leer las placas, pero debe de estar cerca la mía. Confusamente logro leer en una el número 477. Mi habitación es, pues, la inmediata. Alzo el pestillo, y entro en ella tarareando lo más difícil de tararear: *El oro del Rin*[5]. Claro es que me limito a bosquejar, con un sordo bordoneo, el oleaje.

Bruscamente, se interrumpe el curso del agua. Una voz de mujer sobresaltada corta de un tijeretazo la vaga cinta fluvial.

—¿Qué quiere usted?

Vuelvo la cabeza, y quedo atónito. En la que creo mi cama, se emboza precipitadamente una mujer. A la escasa luz de la ventana, sólo alcanzo a ver un blanquecino volumen, informe, convulso, coronado por unos ojos tenebrosos.

Quiero formular una disculpa rápida, sobria, matemática, y me apresuro a lanzar sobre el trémulo volumen el resultado de mis recientes operaciones de descomposición:

5 *El oro del Rin*: ópera de Richard Wagner (Leipzig 1811-Venecia 1883) estrenada en 1869 y que inicia la tetralogía de *El Anillo del Nibelungo*, completada por las óperas *La Walkyria, Sigfrido* y *El Ocaso de los Dioses*.

—Soy el número 2.

—¿Está usted loco? ¡El 2 está en el entresuelo!

—Seguramente. Perdone. Soy el número...

Realizo precipitadamente, a la inversa, todas las operaciones, y prosigo:

—Soy el 479.

—¡Yo el 478!

—Pero este cuarto es el 479, señora.

—¡Es el 478!

—El inmediato es el 477. Es el lado de los impares.

—De los impares y de los pares. Va seguida la numeración. ¡Salga de aquí!

—Perdone... A los pies de usted.

Penetro en el cuarto siguiente, donde un ancho espacio vacío me acoge huraño, hostil. Desdeño al nuevo enemigo y me siento en la cama, rendido por tal escaramuza de cifras.

Ahora meditaré en mi precipitación, como siempre que acabo de cometer una torpeza. Invierto en todos mis actos tanta reflexión como el hombre más precavido, pero a destiempo, después de cada realización. Para mis meditaciones, cada acción es siempre un punto de partida, no un punto de llegada. Como el mal arquitecto, reservo todo lo ahorrado en cada construcción para invertirlo en inútiles reparaciones.

$4+7+9$... A esto conduce tanto afán de concisión. Una bombilla extenuada hizo añicos toda mi algoritmia. Aquí la extrema simplificación produjo el mismo fruto que una extrema complejidad. El hotel instala a sus enfermos en celdas simétricas; convierte los nueve primeros en sendos guarismos; a los noventa siguientes, en grupos de dos cifras; a los restantes, en grupos de tres. Yo pertenezco a la tercera serie, y debo sujetar estrictamente mis actos de viajero a esta calidad de número 479.

En vano quise reducir las tres cifras a una sola, al 2: cifra esotérica para todos, exotérica sólo para mí. Por eso el 2 produjo tal estupor en el número 478. Operar en un pasillo de hotel con valores absolutos es bastante peligroso: más que nunca es aquí preciso un claro sentido de la relatividad. Me creí entre solos impares, y la realidad –la semidesnuda realidad del número 478– me señala ceñudamente mi exacto lugar aritmético. Los cuartos sucesivos del hotel sólo se diferencian en una unidad; pero, al ser ocupados, ya ofrecen intimidades tan lejanas entre sí como el número 2 lo está del número 22, 222. Yo irrumpí aturdidamente en una de ellas.

Oigo cuchichear en el cuarto vecino. Son los números 477 y 478 que cambian impresiones. Censurarán acremente la conducta del número 479. Lamentarán no haberle arrojado algún objeto a la cabeza... Deben de ser dos mujeres.

Y el 477 comienza a reír estrepitosamente. Al fin ríen las dos. Es el castigo de mi culpa. Y su absolución, también. Ha quedado lavada, pero queda el reato, la cómica huella.

Siguen hablando: alguna menuda glosa del suceso. De mí sólo conocen un número y una incorrección. Son tan mezquinos estos datos que su charla trazará curvas concéntricas, sin que un escape de noticia pueda prolongar el hilo hacia el pasado, ni hacia el futuro.

De ellas yo sólo conozco un número, porque el cuchicheo es común a todas las mujeres; y mi fantasía, menos poderosa que el genio de Arquímedes[6], desdeña ese único

---

6   *Arquímedes*: Científico griego (circa 287 a.C.- circa 212 a.C.), uno de los más importantes de la antigüedad por sus aportaciones en física, hidrostática y matemática, y el primero en explicar rigurosamente el principio

punto de apoyo que le ofrecen, y ya reposa con el resto de las obreras del espíritu. Nada me importa que al otro lado del tabique se fragüe una enrevesada teoría acerca del extraño aturdimiento de un número impar.

Reanudo el zumbido wagneriano, roto por el suceso. *El oro del Rin,* como en el Real, me adormece dulcemente.

---

de funcionamiento de una palanca. En sus estudios sobre esta, según Pappus de Alejandría, pronunció la famosa frase «Denme un punto de apoyo y moveré el mundo.»

2

Despierto, la noche no fue un negro puente tendido sobre el caudal monótono de mi vida, sino cierta insospechada tajadera[7] que torció caprichosamente el curso del río. La diminuta llave de un trivial suceso puede abrir una ventana a los más anchos horizontes. Y puede cerrar el cofre de los más ricos propósitos.

Pretendía pasar inadvertido por este balneario, convertido en entidad aritmética, como uno de esos mudos seres abstractos que suelo ir alineando en mis ilusorios libros de Caja; pero una piedrezuela ha bajado rodando de la cumbre de mis presumidas intenciones y derrumbó el gran ídolo. Ya no seré el hombre al margen, a quien rodea un halo mudo. Me entregaré al azar, gentil dominador del mundo. Sé que hay cerca de mí una mujer que aguarda un desagravio de su vecino de hotel.

Quizá unas palabras basten... No puedo señalar su número ni prever sus corolarios. Diez, once, veinte días nos esperan para situarnos frente a frente en este pequeño recinto de Aguas Vivas, carrusel estrecho donde desfilarán siempre los mismos muñecos, como en las garitas verbeneras.

Abro la ventana, y saludo al sol. Puesto que aquí he de ser actor, quisiera ir ya viendo mi escenario, pero desde mi atalaya sólo alcanzaré a oírlo: hay frente a mí un muro

---

7   *Tajadera*: Compuerta que se pone para detener la corriente de agua.

rosado que me obliga a disciplinar un sentido, a hacerle captar menudas palpitaciones de las cosas. Un muro de cárcel, o de hotel, es el mejor maestro del oído.

Ahora siento crujir el paisaje: un carro de trigo pasará oprimiendo fatigosamente algún sendero, reseco nervio del campo. Una copla brota del silencio, brinca unos instantes de cerro en cerro, pero se remansa pronto, porque la montaña, tan ceñida, no tolera evasiones. Le sucede el bocinazo de un auto, que aquí suena a blasfemia, quizá porque aún no hemos oído pastorales ejecutadas por la jazz-band.

Me atraen ruidos más cercanos. Unas enfermas hablan del último bañista... –Soy yo el último bañista–. Goza el balneario de tal quietud que el guijarrillo de mi liviana aventura abrió unas ondas tan vivas como las pudo abrir en la Quinta Avenida un cañonazo.

Y me envanece pensar que soy el foco adonde ahora confluyen todas las maliciosas sonrisas de las Termas. Los sabios –dice un chino– mueven el mundo. Pero los distraídos le divierten. Conozco que ya soy para todos «el joven que anoche se metió en el cuarto de una señora». Ya para todos –excepto la administración, que sólo tiene en cuenta los sucesos capaces de desequilibrar el Balance– dejé de ser el número 479. Perdí mi condición de sumando. Soy una viva anécdota, no un grupo de guarismos.

Tampoco mi vecina es ya para mí el número 478, sino Paula. Me lo revela una astuta camarera que, con el desayuno, me trae un resumen de los últimos sucesos.

Por adularme un poco, finge creer que mi irrupción fue premeditada. Si, como esta muchacha, todos los empleados y enfermos esperasen de mí un piropo o una propina generosa, pronto una versión tan halagüeña del

suceso obtendría el campeonato. Defenderían acalorada-
mente mi fugaz apariencia de héroe. Me harían pasar del
linaje de muñecos a quienes falta algún resorte, a la de
singular muñeco que dispone a capricho de todos sus firmes resortes. Pero no me dejo fascinar. Nunca seré «primer móvil» –el viejo «primer móvil»[8]– en ningún pequeño ni gran orbe de sucesos.

Después del oído, quiero disciplinar los ojos. Saldré
del hotel y, huyendo del paisaje elaborado de las Termas,
me refugiaré en uno de los trozos de campo que quedan
por domesticar.

Son las nueve. Se adivinan los últimos desperezos del
campo que despierta, en las ondulaciones de su ancha
túnica verde y oro pálido. Me siento en un ribazo a contemplar un festín. Un cadáver de manzana, que aún conserva trozos de epidermis tersa, de pulpa suculenta, es el
bodegoncillo de dos romerías de gusanos que van buscando el despojo inerte. Algún mosquito desciende también a chupar un sorbo de zumo. Y, a veces, cuando más
confiado es el júbilo, otro cadáver desciende del manzano
y aplasta a un grupo entero de golosos. Huyen los demás,
pero retornan pronto, pasado el minuto de pánico en que
se palpan esperando verse correr la sangre arrancada por
una esquirla de la bomba. Ellos no saben que la manzana
caída fue un nuevo don –no bomba ni aerolito– otorgado
por los dioses, a costa, como siempre, de cierta pequeña
catástrofe. Porque toda fruta nutre o asesina, según el
juego divino.

Y una ratita vivaz –el elefante de los gusanillos– asis-
te a la merienda. Acaso piensa desbaratarla como ese
miura que suele asomarse en los cuadros domésticos.

---

8 *Primer móvil*: En la astronomía medieval y del renacimiento el universo
se compone de esferas concéntricas, la más externa de las cuales otorga
movimiento al resto.

Pero, de pronto, «como herida por un cruel presentimiento» –ni más ni menos que en las novelas «psicológicas»–, la ratita se esconde precipitadamente en su agujero.

También la ratita ha visto su elefante: un gatazo gris que surge en el umbral, y, al ver limpio el huerto de importunos, guardián celoso del deber, se sube a lo alto de la tapia, a inspeccionar el camino. Cada barda[9] es un lomo de pez larguirucho, lleno de escamas azules, verdosas, blancas, erizadas, hirientes. Pero el gato pasea desdeñoso por el lomo del pez, sin mirar al sol que acaricia infantilmente el falso joyero policromo.

El menudo banquete me ha abierto el apetito, y mi nueva personalidad –entre audaz y pintoresca– corre a instalarse ante un platillo de entremeses –infantiles manjares que parecen haber sido elaborado para una raza de consumidores intermedia entre lo gusanillos y los hombres–. A la segunda aceituna, ocupan la mesa próxima dos mujeres, Paula y el número 477. Esta maciza agrupación de músculos, vestida ahora de morado, es la misma que anoche, al sentirse sorprendida, se agazapó bajo un blanco remolino. Las vi salir de los dos cuartos. Y me lo confirma un guiño del número 477 a Paula.

—Ese –piensa– es el joven nuevo. El de anoche.

Creo que ha llegado el instante de las aclaraciones. Me acerco a la mesa de las dos mujeres, y me dirijo a Paula, de quien comienzo a recordar su volumen. Con mis excusas, me presento a mí mismo. A Paula se le cae la minuta de las manos y encantada de tal interpretación del incidente, me contesta muy afable:

—Yo tengo la culpa, por no echar el pestillo. Pero esto no lo hago nunca, porque nadie sabe qué puede a una ocurrirle. Un ataque, un ahogo...

---

9   *Barda*: cubierta de vidrios rotos, originalmente de sarmientos o espinas, que se pone, asegurada con tierra o piedras, sobre las tapias de los corrales y huertas para su resguardo.

—Claro, señora.

—Y, ¡como la casa es tan seria!

—Indudablemente. Es muy seria. Aquí soy yo el único aturdido.

Paula –pomposa flor de estío– sigue sonriendo afablemente. A su lado, el número 477 aguarda con la cuchara en alto. Al ver que mis ojos se desvían hacia la más joven, Paula añade:

—Paulita, saluda a este joven. Es el joven de anoche.

Mientras chupo un ala de pollo, medito en mi calidad de hombre de otros tiempos. Ya soy «el joven de anoche». Pronto seré «el joven de aquella noche»... Ha pasado el tiempo de mi hazaña, y sólo nos resta comentarla. Paula comienza a bosquejar el glosario, prodigándome sonrisas alentadoras que yo pago con extrañas observaciones acerca del pan, del vino, de la carne, de las frutas. Me limito a la pura actualidad que nos rodea, a los componentes más sencillos, más elementales de la minuta, que poco a poco van pasando a ser nosotros mismos. No siendo ducho en artes culinarias ni sociales, prefiero hablar de la naturaleza desnuda, sustancial, tan simple antes de convertirse en este complicado y aderezado producto que es un hombre.

Paula, con la pericia de un ama de casa y de elemento de tertulia, agrega minuciosos reparos a cada nuevo manjar y a cada nueva y arbitraria glosa mía. Inicio una disertación sobre el agua medicinal. Como tengo a mano un prospecto de las Termas, que acompaña a la minuta, puedo desparramar en torno como un calamar aturdido, puñados de calcio, de magnesia, de sodio, de nitrógeno, de esas cosas oscuras para mi interlocutora, capaces de fingir en mí una oportuna tercera dimensión.

Hablo de la radioactividad del agua. Apunto mi

familiaridad con todos los cuerpos simples y compuestos de la Química. Así puedo lucir una franca superioridad varonil sobre la hembra, que sólo aspira a conocer elementos mixtificados, subalternos. Paula me habla del aceite, del vinagre, de la sal, del pimentón, del comino... Substancias vivas, pero humildes, al alcance de cualquier Maritornes. Yo diserto según me apuntan el texto del bachillerato y un análisis doctoral vulgarizado por la Empresa; Paula, según sus manuales de cocina, bien contrastados por un amoroso empirismo...

Como siempre, vence el empirismo. Pero una charla tan salpicada de especias, tan aderezada por la química y el huerto, tiene que devenir muy sabrosa. Yo, rendido, la paladeo hasta los postres.

A trueque de anularme otras parcelas de atención, porque bulle en derredor nuestro una opulenta naturaleza viva, y yo apenas pude gozar de sus perfiles. Campoamor ha cedido su mascarilla bondadosa a una anciana bañista. Van y vienen, entre las mesas, cuatro apariencias de camarero. Bajo cada uniforme hay: un fracasado director de orquesta, un labriego, un boxeador y un doctor en letras.

Me tortura ver aquí tantos hombres disfrazados, que acaso después no logren ya recomponer su exacta fisonomía. Además, descomponen mi calidad de cliente. Este jayán[10] –tan semejante a Uzcudun[11]– que recorre el comedor a grandes zancadas, con la bandeja en alto, ya puede traerme agrio el vino o podrida la fruta: no protestaré nunca ante un oso de frac. Me humillo siempre ante la fuerza. Este otro joven de atuendo señoril, que usa gafas negras y una mirada penetrante, ya puede traerme

---

10 *Jayán*: mozo de gran estatura y robustez.
11 *Uzcudun*: Paulino (1899-1985), boxeador español, campeón de España y de Europa en diversas ocasiones en la categoría de peso pesado.

en el plato toda la fruta en agraz[12] de Aguas Vivas: yo no podría argüir nunca con un futuro profesor de lógica. Me rindo siempre ante la sabiduría. Me ofreció la minuta dignamente, con el mismo grave gesto con que me hubiera ofrecido el *Discurso del método*[13]. Aunque la cocina no realice primor alguno del programa, yo enmudeceré por no alterar el reposo muscular del gladiador ni la rumia ideológica del meditativo: no quisiera entablar con él uno de esos diálogos bernardshawianos en que los servidores dejan atónito al aturdido consumidor. Desde que sorprendí en una trastienda de bar un tomo de *Fuerza y materia*[14], desconfío de todas las apariencias.

La misma actitud con los otros dos camareros. Respeto igualmente a la batuta y al arado. Una mirada circular me descubre el pintoresco espectáculo de mis torpes compañeros de ducha termal, que desconocen su verdadera condición de seres transitorios que arrastra un torbellino de apariencias. Muchos nunca asistieron a una comida «pública». El apremio hidroterápico obligó a estos labriegos, a estos tenderos, a estos empleados, a juntarse en un salón florido para ser servidos por otros hombres también reclutados al azar... Unos y otros andan, miran, comen, mondan, trinchan, beben tímidamente, sin ritmo propio. El comedor es un abigarrado mecanismo, una divertida máquina social donde cada pieza acusa un taller de construcción distinto.

Paula me rompe el círculo, con una queja:

---

12 *En agraz*: antes de madurar.
13 *El Discurso del método* (1637) es la obra en que fundamentó su sistema filosófico René Descartes (1596-1650) y uno de los textos centrales del pensamiento occidental.
14 *Fuerza y materia:* libro subtitulado «Estudios populares de historia y filosofía naturales» publicado en 1855 por el médico y filósofo alemán Luis Büchner (1824-1899), defensor del materialismo monista. Tuvo en España numerosas ediciones desde su traducción en 1868.

—¡Qué despacio sirven estos camareros!

—No son camareros, Paula. Por eso cada uno lleva su ritmo, que nada tiene que ver con el ritmo profesional.

—¿Cómo?

—Vea usted. Ninguno de ellos tiene espíritu de camarero. Son meras apariencias.

Paula no comprende bien, pero sonríe: es la actitud de todo incomprensivo bien educado. Le agradezco su toque de atención, porque ya voy prefiriendo reducir mi horizonte a sólo el segmento limitado por dos radios que desde mis pupilas pasan tangenciales por las sienes de Paulita. El aro espectacular se reduce a dos puntos luminosos. De ella sólo veo ahora su belleza epidérmica. Y querría detener aquí mi examen. Que el pensamiento no hallase mejores asideros. Que Paulita no fuese más que hermosa, un delicioso ejemplar de hembra en quien detener los ojos. No una mujer en quien pensar. Quieta en el aro, a la distancia de hoy.

De un hoy que ya no existe. Paulita no es ya cifra, ni apariencia. No es ya un doble punto del aro, porque ya sus ojos avanzan por las vibrantes sendas de los radios, empujándome fuera del centro para instalarse en él. Me abrirán un hueco entre los seres que giran en torno suyo.

Se levanta, y, tras ella, salimos Paula y yo. No nos despedimos porque los tres llevamos la misma dirección. Al llegar frente a las puertas contiguas, dice Paula, sonriente:

—Ahora ya puede equivocarse... Pero fíjese en la hora.

Cada cuarto se engulle a su inquilino. Pronto las oigo reír juntas. Seguiré afinando el oído...

Pero la risa se va calmando, convirtiéndose en rumor

inapreciable. Salgo en silencio del hotel, hacia los huertos. Me sentaré bajo una higuera a llorar la pérdida de mi silencio, de mi soledad, de mi intimidad, de mi venturosa condición de cifra, de mi soberana calidad de centro.

3

Estudio en Aguas Vivas cierto período de transición en las evoluciones del paisaje. Hay aquí un sugerente tipo medio entre el patrón natural y el artístico, que me recuerda el cuadro histórico, tipo de creación intermedia entre la historia y la pintura.

Y culpo de delitos de precipitación al arquitecto del balneario. En unas pocas hectáreas de terreno, fue amontonando los relieves pintorescos de muchas leguas a la redonda. Este denso panorama se formó a expensas de muchas otras perspectivas vacías hoy de sentido decorativo. A buen precio lo habría pagado todo la administración, porque, maravilla a maravilla, todas las del contorno fueron pasando por el libro de Caja.

La colección es ya abrumadora. Aprovecharé la importación de ciertos elementos líricos ultramarinos – un aire porteño capaz de arrobar a Paula– para abrir una elipsis en mi charla con esta nueva compañera de comedor. Prefiero seguir paso a paso el curso del lucrativo negocio de las Termas, mientras ella sigue el compás voluptuoso del tango.

En el principio fue el suelo desnudo, o erizado de guijarros. Una vara legendaria azotó la roca más hostil, haciendo saltar el chorro caliente que produjo el primer asiento en el Diario. Se acotó el hontanar[15], y, como todas

---

15   *Hontanar*: Sitio en que nacen fuentes o manantiales.

las maravillas nutricias y asépticas del globo, fue sometido a un régimen de excepción y a una tarifa; el hombre siempre es rey de lo creado, a condición de pagar su importe.

Pero el milagro terapéutico atraía a escasos peregrinos, y fue preciso construir, además, un ambiente. Un hombre de negocios suele ser mal esteta; pero contables astutos, ojo avizor a las predilecciones de los clientes, fueron elaborando el paisaje.

Lo que en la protohistoria de las Termas sólo fue un clásico pensil copiado malamente de Teócrito[16], es ya un fino parterre imitado de Winthuysen[17]. Menos cándidos rosales y siringas, y más espesas frondas y tés tangos. Un día se advirtió en dos amantes cierto agudo temperamento lírico, y rápidamente fue abierto un lago verde y rizado, entre cañas y juncos. A otro viajero se le advirtió entre las maletas un ejemplar de *La isla del tesoro* y al día siguiente brotó en medio del lago un coquetón islote con tres peñascos, dos palmeras y una cabellera de musgo. La palabra *Venecia,* oída al pasar por uno de los camareros, hizo que a la tarde surcaran el agua lírica dos primorosas góndolas. Otro viajero que leía a Zaratustra[18], sugirió la idea de alzar una redonda colina para los profundos aforismos; y otro, que leía a Pascal[19], la de un severo panteón para las graves plegarias. Por atraer al Real Club de Pescadores de Caña, se abrió el cauce a un apacible río; y, previendo la visita de algún tenebroso Ku-Klux-Klan fue socavada una roca, preparando así un túnel laberíntico en

---

16 *Teócrito*: Poeta griego (Siracusa, c. 310 a.C-260 a.C) considerado el fundador de la poesía bucólica o pastoril.

17 *Winthuysen*: Javier Winthuysen Losada (1874-1956) fue pintor y el más destacado diseñador de jardines español.

18 *Zaratustra*: *Así habló Zaratustra* (1885) es el libro central del filósofo alemán Friedrich Nietzsche (1844-1900), y donde pone sus teorías -presentadas en forma de aforismos y fábulas- en boca del profeta persa Zoroastro.

19 *Pascal*: Blaise Pascal (1623-1662), importante matemático, físico y filósofo cristiano francés.

el mismo corazón de la montaña. Un día la gerencia soñó hacer de las Termas una fastuosa corte de verano, y edificó el *Baño del Rey*. Bajo un enorme baldaquino de álamos, veo el abigarrado pabellón de feria —lacrimosos ajimeces[20], azulejos friolentos, carcajadas barrocas de monstruos que un día vieron desnudo a algún príncipe canijo—. Se pretendió adular, por el mismo coste, a monarcas y eruditos; pero tal ambición ha fracasado, porque el *Baño del Rey* ya sólo sirve de dosel a las primicias de alguna apresurada pasioncilla que busca un escenario de opereta.

Pero esta caza del cliente —filólogo o poeta, pacífico o turbulento— condujo a una zarabanda plástica. Ahora este paisaje es sólo un capricho de Juan Gris[21]. Para unos metros de tela se adquirieron: un río, siete rocas, un panteón, una estación ferroviaria, un montecillo de pinos, un lago con su islote para aventuras acuáticas, un parque enmarañado para aventuras terrestres, un parterre y un gran casino. Sin contar un cine y un quiosco de periódicos como elementos culturales.

No cupo todo en un plano, y fue preciso intentar una poco armoniosa yuxtaposición. Se construyó al ferrocarril un largo puente aéreo sobre el parque. Al río se le internó por un desfiladero. El montecillo de meditar redujo su espesor hasta convertirse en torreón salvaje con una escalerilla embozada entre los pinos colgados de los muros. El casino escamoteó algunos chopos, y el estanque redujo su isla afortunada, para abrir una pista más ancha a los peces vestidos de frac rojo que acuden al banquete improvisado por los niños.

Todo fue cruzado de pasarelas, amenazado de saledizos y aleros, sombreado por terrazas. De la primitiva sen-

---

20 *Ajimez*: Ventana arqueada, dividida en el centro por una columna.
21 *Juan Gris*: Seudónimo del pintor español José Victoriano González-Pérez (1887-1927), uno de los maestros del cubismo.

cillez de Horeb[22] ha quedado un atropellado puzzle decorativo. Recuerda esos dibujos infantiles que pretenden apiñar el universo en una hoja de papel, como el aforista intenta apiñar todo un sistema filosófico en una oración de relativo.

Ellos y la gerencia profesan el horror al intervalo, tomándolo por el vacío. De las cosas apenas conocen la intersección de sus planos, pero no la silenciosa y lenta endósmosis de sus mundos circundantes. Por eso el montecillo tan cercano a la pista de los cómicos peces de frac rojo perdió toda su serenidad, y al panteón se le fueron horadando, una a una, todas las meninges que contenían su silencio. La capilla quedó desnuda de todo halo patético, y el túnel, socavado en la montaña para unos posibles regeneradores del mundo, quedó tan cerca del quiosco de periódicos que más bien parecía una cabina de redacción, donde, entre cigarrillos y tazas de café, se fragua o precipita la caída de un concejal.

Del mismo costado comprimido de un cerro, hicieron brotar al mismo tiempo agua medicinal y agua potable. Fría y termal, a dos pasos de distancia. Como en un bar, puedo allí obtener simultáneamente dos vasos de diferente contenido. Rudo torso del paisaje que en sus dos senos ofrece caprichosamente agua, a elegir: caliente para los miembros anquilosados, fresca para los desperezos del puro deleite.

En este parquecillo, la misma yuxtaposición de ambientes. Alineados en poco trecho están la Primavera, el Estío, el Otoño y el Invierno. Son los mismos que se reparten por la escalinata del hotel. La misma doncella desnuda, el mozuelo del manojo de espigas, el viñador en

22   *Horeb:* monte citado en la Biblia. El «Monte Horeb», el cerro de Dios, es el lugar del encuentro entre Dios y el hombre.

trance de cantar un fado y el anciano barbudo tiritando bajo la capa filosófica. El escultor traído por la empresa para elevar el tono estético de las Termas no conocía más fauna mitológica que estos tres varones y una hembra. Su fantasía no saltó de los aros del Zodíaco.

Y aun de los cuatro, uno es impertinente. Sólo se debió contar con tres estaciones. El Invierno es mal cartel para la administración. Parece un viejo reumático, aburrido ya de cocerse inútilmente bajo estas duchas. Este Invierno debió ser esculpido con más juvenil talante, por orden de la Empresa. Puesto que tenga barbas, podían ser flor de almendro en vez de nieve desgreñada.

Y hay también cierta algarabía entre los símbolos. Cerca del Invierno, corretean dos rapaces futbolistas. Bajo el maciliento Otoño, una pareja de novios ríe estrepitosamente. Junto al lozano Estío, sueña una joven raquítica. Y vecinos de la desnuda Primavera, nos sentamos Paula y yo.

—¿Y su hermana?

—No, no es mi hermana.

—Yo creí...

—Hija, es hija mía –me interrumpe, envolviendo su réplica en una oleada de miel.

—¡Ah!

Ella aguarda el resto, el engarce de los dulces piropos del manual. Consideraciones acerca de la edad posible, de la eterna juventud, del amor que florece. Pero yo corto la cadena en el primer eslabón, y ella va poco a poco chupando el solo bombón que le ofrezco, el sintético ¡ah! superior a un largo panegírico.

Mi glosa interjeccional es la saeta que destapa el tarro de almíbar de su vida interior. A los diez minutos conozco minuciosamente el árbol genealógico de Paula. A los quince, su última liquidación, y a los veinte, su paralelo sentimental. A los veinticinco me muestra el termómetro de su cultura —pasó de Conan Doyle a Guido da Verona[23]—, y a los treinta, el barómetro de sus nervios. Cuando en el examen de esta vida se abre alguna zanja, acudo allí, como profesor celoso de mi deber, a sujetar la pasarela. O a contener el asalto. Conozco que me llega el turno de revelarme, y desconfío de poder pasar airosamente de profesor a alumno.

Para resistir el asedio voy preparando preguntas antisocráticas[24]. No de partera, sino de albañil. Las sumerjo en una tina de emoción, sin importarme fingir interés a trueque de no dejar un hueco, ya inminente, para mi autobiografía. A cada trivial confidencia de Paula, muevo atónito la cabeza, como si escuchase a un testigo de la catástrofe de Annual[25].

Llega a asombrarme que su esposo se llamase Moisés, y que un día le hallasen en un río, ya cadáver, dejando abandonado un almacén de abonos. Yo preparo un gesto de desdén para mi árbol genealógico de especie común, para mi paralelo, mi arqueo, mi termómetro y mi barómetro; para mi vida sin programa, desierta de aventuras, donde falta aún esa lírica palmera que suelen pintar en los cromos de Oriente para recordar que allí no hay vegetación.

Tendré que repetir la historia de otro cualquiera. Por

---

23   *Guido da Verona*: Novelista italiano (1881-1939) que alcanzó enorme popularidad tanto en su país como en España por sus novelas folletinescas con tintes eróticos.

24   *Antisocráticas*: el filósofo griego Sócrates (470-399 a.C.) utilizaba un hábil método de preguntas para extraer la sabiduría de sus discípulos haciéndolos razonar lógicamente, y por ello su técnica se comparó con la de una partera que ayuda a dar a luz (mayéutica).

25   *Catástrofe de Annual*: Gravísima derrota sufrida en julio de 1921 por el ejército español en la localidad marroquí de *Annual* frente a las tropas rifeñas comandadas por Ab el-Krim.

fortuna, poseo una variada colección. En cada peldaño social, tengo instalado un amigo dispuesto a prestarme media hora su biografía. Desde la de un bohemio empedernido que lee a Spencer[26] en un desván, hasta la de un ocioso diplomático que bosteza humorísticamente en los salones. Convendrá elegir la de algún patético amador a quien conmueva la dorada sazón de las mujeres.

O inventarla. Me posee tal afán de quieta armonía que no sufro choque alguno emocional con mis amigos. No me importa elaborar precipitadamente una opinión o un goce estético paralelos al suyo, a trueque de no romper los lazos que me sujetan al resto de la humanidad. No me tolero idea alguna que no vaya del brazo con la de mi camarada. No creo en el diálogo –fábula platónica– y enderezo siempre mi monólogo exterior en el mismo sentido de los otros.

Frecuentemente me olvido de que soy interlocutor, y, por seguir atentamente el hilo del pensamiento ajeno, pierdo todos los enlaces con el mío. Suelo ver en todos tal decisión de mantener un criterio, que al punto decido no privarles de su derecho de propiedad.

Todas las ideas son del primer ocupante, como las sillas del paseo. Yo suelo acudir siempre un poco tarde, y no me queda otro goce que el de pasearme entre ellas, ganando, quizá, en agilidad lo que pierdo en firmeza.

Ahora me felicito de tomar parte en la charla de un modo esquemático. Voy incrustando monosílabos en el doméstico monólogo de Paula, Escucho con los ojos, que tan hábilmente suelen desviar las irradiaciones del espíritu, aprendiendo a ser –ladinamente– el espejo del alma de los otros.

---

26 *Spencer*: Herbert Spencer (1820-1903), filósofo inglés defensor del darwinismo social y cuyas obras alcanzaron gran popularidad en las últimas décadas del siglo XIX.

Lo difícil es lograr que cada síntesis acuda a recibir su pura expresión adverbial o interjeccional en el momento oportuno. Soy el timbalero de la conversación, que acecha con la maza en alto para descargarla en el hueco preciso de la partitura, donde la batuta señala el momento del fugaz zumbido.

Pero un instante me reparto entre dos sinfonías espirituales —la de Paula y la mía— y sobreviene la catástrofe musical. Suelto la maza en medio de un quejumbroso andante. Paula me hablaba de la tragedia de su viudez, y donde la partitura decía:

—¡Qué pena!

Yo ejecuto, lastimosamente:

—¡Magnífico!

Y se rompe bruscamente el quejumbroso andante, iniciándose un torbellino de disonancias.

Que no concluyen de estallar, porque Paulita se nos acerca por la avenida de las Estaciones, mirando furtivamente la jovial musculatura del Verano.

—¡Magnífico! –repito–. Un segundo golpe de timbal aturdirá más a mi interlocutora. Quizá aplaque la borrasca y afirme la explosión del primero. Un error, bien reiterado, pronto se convierte en verdad. Una sorpresa que se repite, deja de serlo. Por eso, vuelvo a insistir:

—¡Magnífico! Ahí viene Paulita. Ahora podemos ir al lago.

Las dos me miran, sorprendidas. Tres ¡magníficos! son un exordio demasiado pomposo para una oración tan trivial. Paulita se sorprende menos, porque a su edad se suele confiar en el éxito feliz de las apariciones.

—¿De veras me esperaban?

—Sí, sí.

Nuevo gotear de monosílabos que reparto con más juiciosa exactitud, mientras inicio un ensayo de topografía espiritual de las dos mujeres. Es curioso que, sólo al llegar Paulita, piense en realizar esta investigación. Quizá esperaba el punto de referencia. Como los malos críticos, suelo operar comparando; o, como los buenos impresionistas, por el choque de dos colores. Hasta ahora, mi máquina de pensar estaba en ese trance del dialéctico que no tiene quien le formule una objeción.

Y la objeción de Paula es Paulita, en lugar de ser su corolario.

Se me revela en el empeño de la madre en apagar la efervescencia provocada por la aparición de Paulita; en el modo de cruzar las piernas, y en los escollos que opone a la charla aturdida de su hija que ahora pretende describirnos su tortura hidroterápica. Se estremece deliciosamente al recordar la ardiente ducha que le acaba de tejer un peplo de Deyanira[27]. Paula se precipita a borrar de mi campo visual estas blancas sinuosidades de la desnuda Paulita, trémula bajo la lluvia ardiente, tan cercana al temblor de una Dánae bajo la ráfaga de oro derretido[28]. Paula se apresura a recordar su «baño de placer», donde la carne no sufre temblores enfermizos. Pretende sugerir

---

27 *Peplo de Deyanira*: (también conocido como túnica de Neso). Mito recogido en *Las Traquinias* de Sófocles. Un centauro llamado Neso intentó violar a Deyanira, tercera esposa de Heracles. Al ver este lo que ocurría le disparó una flecha envenenada. Agonizando, Neso mintió a Deyanira contándole que la sangre de su corazón le aseguraría el amor eterno de Heracles. Al enterarse de los amores de su esposo con la cautiva Yole, Deyanira untó su túnica con la sangre, y cuando Heracles se la puso murió, quemada su piel por el veneno. Al ver lo que había hecho, Deyanira se quitó la vida.

28 *Dánae*: Según la mitología griega, Dánae era hija de Acrisio, rey de Argos. Advertido por el oráculo de que un hijo de su hija lo mataría, Acrisio encerró a Dánae para que no pudiera tener relaciones, pero el dios Zeus se presentó en la celda en forma de lluvia dorada y la dejó embarazada. De ese encuentro nació Perseo.

la visión dorada de una opulenta Cibeles[29] sumergida en la lluvia de octubre. Está sentada entre Paulita y yo, y presiento que ya siempre ha de ser un muro de contención. Me propongo fijar en él muy divertidos pasquines.

A través del muro, voy midiendo los relieves de la espiritual topografía de Paulita. A mi primera vehemencia opone la ducha fría de su voz, una voz metálica que prodiga sus tañidos con cierta coquetería incapaz de encubrir su táctica ondulante.

Necesitamos sacrificar siempre un sobrante de inteligencia para hacernos perdonar el resto. Así, una mujer hermosa debe sacrificar una parte de su belleza para hacerse perdonar toda la demás. El mismo sabio suele elaborar torpemente algunos chistes para hacer soportable su sabiduría. Así, Paulita, parece haberse elaborado una voz agria, erizada de ortigas, para ofrecer un talón a las flechas enemigas. Ella prefiere arrojarles esa voz destemplada, como un mendrugo de pan que se alarga al mendigo, mientras se oculta el sabroso pastel.

Pero, ante mí, Paulita no tiene que hacerse perdonar nada. Por eso me hiere su insistencia en desviar una naciente admiración. A cada minuto su charla es más disonante. Paula, en cambio, que intenta hacerse perdonar la madurez de su belleza, impregna su voz de caramelo. Con pretexto de la angostura del banco —Paula piensa en mi timidez al sentir apretado su caliente muslo contra el mío—, acerco una silla y me siento frente a las dos.

Tengo así dos enemigos que siguen la misma trayectoria, pero en sentido opuesto. Soy el vértice de un ángulo cuyos lados son sendas miradas de muy desigual tem-

---

29 *Cibeles*: la diosa Cibeles fue adorada en todo el oriente próximo como símbolo de la superioridad de la madre Naturaleza y su culto se asociaba con la fertilidad.

peratura. Por un lado, brisa filtrada por cañas de azúcar; por otro, una ventolina punzante, tamizada por un zarzal.

Se combinan en mí dos propiedades contrarias, y me tortura un grave problema fisiológico: el de hacer independientes mis dos retinas. Tengo que mirar alternativamente, midiendo con exacta precisión los segundos que empleo en cada mirada. Cuando me detengo en Paulita, Paula acentúa su emoción, azuzando mi impaciencia.

Soy el fiel de una balanza cuyos platillos tienen muy distintos pesos. No puedo mantener el equilibrio. Callamos los tres, y ya decido mirar sólo a Paulita, que, desplegando el abanico de todas sus coqueterías, comienza a saludar insistentemente a un joven que lee junto al quiosco. Y ella mirando hacia el quiosco, y yo hacia Paulita y Paula hacia mí, entablamos una corriente de inesperada simpatía hacia el librero, que cree ver en nuestros juegos de inquietud una interrogación mercantil, y grita:

—Ya están aquí los libros.

—Bien –le respondo–. Al salir los recogeré. ¿Vinieron todos?

—Los diez.

Paula, la voraz lectora, admira a este nuevo camarada que adquiere libros de diez en diez. Quizá adivina en mí un fácil cómplice sentimental. Muy halagada, dice:

—¡Oh! Yo también deliro por los libros.

—A mí me fastidian. Apenas leo nada.

—¿Y esos?

—Están en blanco. Debo ganarme la vida escribiendo en ellos.

—¡Ah!

Conozco que he añadido a mi estatura un codo. Paula me cree autor de novelas pasionales, y yo quiero prolongar este período brumoso en que son elaborados los héroes.

Me siento convertido en creador de almas y paisajes y decido acercarme al estanque en calidad de guía profesional. Apoyados en la baranda, seguimos el lento cabeceo de una góndola verde en la que rema Casanova, pintoresco empleado de las Termas.

Yo sé –por una confidencia del bañero– que ese mozo debe enamorar este verano a doce clientes, según proyecto de la administración. Otras temporadas hubo dos empleados para esta difícil tarea de atracción sentimental, pero el más astuto huyó a América con la bañista más asidua, dejando doblemente burlada a la gerencia.

Desde entonces, este Casanova de doce pesetas cincuenta céntimos, fue severamente vigilado. Un esbirro del gerente le empuja a estrechar los asedios, a reiterarlos, a pasear su bello cinismo por el andén, asaeteando con miradas arrebatadas a alguna viajera poco decidida a curar su artritismo en Aguas Vivas. Él, por no perder su condición de prospecto vivo, ensaya cada día una aventura razonable que será fielmente registrada en el libro Diario.

Ahora deja en la orilla a una muchacha que se interna en el parque tristemente, volviendo los ojos hacia el remero con quien acaba de recitar la barcarola de turno. Cuando ella desaparece, Casanova, que ya atisbó a Paulita, comienza a ejecutar otro número del programa. Paulita comienza a mirar al agua, y, por fin, al empleado sentimental. Paula me habla, entretanto, de *La vida comienza mañana*[30].

---

30   *La vida comienza mañana*: Una de las novelas más populares del ya mencionado Guido da Verona, publicada en España por la Editorial Mundo Latino en 1921.

Asisto a los preliminares de un ataque, y me asombra la táctica certera del joven Casanova. Entre él y Paulita van y vienen los primeros proyectiles. Nada puedo hacer por impedirlo. También yo sufro mi asedio, sin lograr saltarme el muro.

Es la hora del almuerzo, y regresamos al hotel, seguidos por las miradas ávidas del reclamo. Ahora temo que, al llegar al quiosco, mi oculta biografía vaya a ser revelada por el indiscreto librero. Intento pasar sin que él lo advierta, pero no lo consigo. Viene hacia nosotros, mostrándome un paquete.

—Aquí están los diez libros.

—Que los lleven al hotel.

—Quiero que usted los vea. Mire. Buena calidad. Borrador, Mercaderías, Diario, Inventarios y Balances, Mayor, Caja...

—Bien, bien.

Paula y Paulita siguen atónitas el catálogo. A los pocos pasos, dice burlonamente Paulita:

—¿Escribe usted novelas por partida doble?

—Yo no escribo esas cosas. Soy topógrafo. También soy tenedor de libros. Doy lecciones de contabilidad mercantil, y estos son mis instrumentos de trabajo.

—¡Ah!

4

Tiene la cuenca del balneario, en dirección opuesta al pueblo, un ancho escape hacia el campo libre, hacia el paisaje sin muros de una llanura verde y amarilla, donde la carretera –brazo blanco de mujer tendido desde la ciudad a las Termas– me abre paso a la naturaleza ruda, sin retoques, sin pretensiones de específico.

Sólo dos huellas de civilización quedan en el paisaje: la carretera y el telégrafo. Y ambas se fundieron tan dócilmente con el campo, que ya la carretera es un nervio más fino del paisaje, que asoma a flor de tierra; y el telégrafo, hecho de troncos y vibraciones, de dura carne vegetal por donde corre una savia nueva, es cierta flora rudimentaria, esquemática, plantada por un ingeniero poeta.

Una astuta araña le siguió los pasos y, al ver asomar la primavera por los enjutos mástiles, se apresuró a tejer entre los maravillosos capullos blancos una red capaz de ir atrapando los insectos de toda la comarca.

Sigo el curvo contorno del brazo sin alcanzar a ver el pecho robusto donde nace. En el confín asoman los vagos perfiles de unos hombros morenos, velados de seda naranja, que, a ratos, se visten y desnudan con un ceniciento albornoz. Avanzan lentamente las nubes, proyectando sobre la vega negras lagunas festoneadas de amarillo.

Una hosca tormenta se grana sobre los rastrojos que

ofrecen irónicamente su pecho ralo al furor del granizo, como desafían al invasor los muros sarcásticos de una ciudadela desmantelada. Una nube de pardo algodón, llena de boquetes, pinta y borra nerviosamente en el paisaje un gigantesco ajedrez, cárdeno y dorado. Ante los dedos ciclópeos del fantasma, los álamos son tímidos peones que se apretujan a los bordes del tablero. Porque el caprichoso gigantón prefiere cambiar los colores a cambiar las piezas, y, al pasar, las derriba, indiferente.

Hoy es día de rectificar cada minuto toda la coloración del aire. Primero, se embadurna el cielo, a trechos, con todos los matices de la leche mixtificada. Luego, sobre fondo de añil crudo, desfila una procesión de grises. Una escala de sienas y morados. Franjas malva y jacinto. Ocres. Amarillos terrosos.

Y, por fin, la agobiadora sucesión de los plomos. Va descendiendo sobre el campo un cielo compuesto, inseguro, inconsistente, un amasijo de pintura sin sentido que ya tarda en disolverse, que amenaza endurecerse y caer de plano sobre la cuenca de Aguas Vivas, como una monstruosa cobertera.

En estos momentos de quietud hostil, los álamos, oprimidos, mecanizados, pugnan por estallar en brotes eléctricos. Los pájaros sienten en las ramas un estremecimiento que no es la voluptuosa palpitación de la savia, y huyen, desbandados, a cobijarse en árboles vivos.

El pino más alto, cúpula de un huertecillo que linda con la carretera, es el más electrizado. Si tocase la punta de sus púas verdinegras, saltaría un manojo de chispas, se dispararían sus nervios contenidos, se rompería el vehemente equilibrio de todo el campo eléctrico.

La onda más recia, abierta una mañana por el haz

vibrante, se ha espesado, se ha cuajado en enormes argo-
llas de eucaliptos, que circundan la red sensitiva del pino.
Si lo rozase un ala negra de nube, saltarían de él abanicos
de centellas como de los sagrados pinos del Sinaí[31].

Todo el huerto está polarizado, alerta hacia el som-
brío guardián. Si lo arrancasen, se desmayarían los manzanos contra la cerca de adobes. Las lanzas de malva real
arriarían sus gallardetes, se quebrarían quizá en dos contra los huraños alfanjes de los lirios.

Preludio de timbales. Comienza la estrepitosa escena.
Una banda de regimiento seudowagneriano amenaza
asaltar mi inofensiva Jericó. Me apresuré a abandonar el
campo, y, sin tiempo para llegar al hotel, me he refugiado
en el *Baño del Rey*.

—¡Que llueve, que llueve!

—Es Paulita –otro pájaro– que llega brincando,
asustada por los timbales. Salió de un huerto, con un cestillo de manzanas.

—¡Corra! Entre usted aquí.

Dentro del pabellón, ya recobrada mi serenidad de
espectador, me sorprende ver en Paulita tan escasa agilidad para huir de la tormenta. Sus brazos, armoniosos
cuando reposan, se agitan ahora en una turbia zarabanda.
Se le caen del cestillo dos manzanas. Al inclinarse a
cogerlas, pierde otras dos, que desaparecen rodando. Pero
esto le hace ganar un gentil escorzo, en que la grupa de
doble redondez, las caderas firmes, potentes, pierden su
condición de soportes y se convierten en cúpula voluptuosa de la juvenil arquitectura.

Sus brazos desnudos, sus piernas color de miel, son
las finas columnas, quietas un momento en el ademán de

---

31   *Sinaí*: Monte donde según la Bíblia Dios entregó a Moisés los diez man-
damientos. Sobre el monte había una densa nube, así como truenos y relámpagos.

recoger la fruta. Por no perder la gozosa contemplación de un escorzo tan lindo, no acudo a ayudar a Paulita. Al erguirse, rojas aún las mejillas por el esfuerzo, dice burlonamente:

—¡Qué galante!

No sabe que, por serlo profundamente, no acudo. Esperaba verla perder más fruta para verla ganar un nuevo perfil. Mi inquietud de gustar bellezas inéditas la toma por serena impasibilidad. Tendré que situar mis emociones en el plano de su coquetería.

Rápidamente, hago descender la temperatura de mi contemplación. Aparto de Paulita el limpio anteojo de mi emoción estética y comienzo a verla con los turbios cristales de cualquier hombre apasionado.

Hay esencias vegetales en sus dedos, en su frente, en sus mejillas. Viene transida de acres olores de huerto. Trae barro en los zapatos, de corretear por los bancales. El huraño paisaje la eligió por mensajera de su cordial palpitación. Rezuma savia por los ojos, por la boca, por todos sus poros. El colorete burgués de la ciudad fue vencido por el albaricoque y oro que el campo y la luz engendran en su amartelamiento. Un albaricoque en trance de ser melocotón, cuando los días pasen y Paulita se rinda a los amores del sol.

Y de la tierra, ahora acurrucada bajo la negra amenaza de un turbión de proyectiles, trae Paulita el último alegre latido arrancado por los dedos rubios del sol. Nada hay en ella que no reclame ávidamente el aplauso de todos los sentidos. Paulita, delicioso resumen del paisaje, viene huyendo de la cruel esponja cenicienta que todo lo va borrando del enorme encerado.

Dos, cuatro, veinte gotas han caído sobre las manos,

sobre la frente de Paulita. Otras se hunden en la tierra, asustan a un gorrión que picoteaba en un ribazo. Y un gran trueno. Irrumpen los dioses en la cámara de los vientos. Se reedita todo el antiguo repertorio.

Pero ya Paulita ha llegado al *Baño del Rey*. Ya podemos ver juntos al empleado que se obstina en seguir regando las avenidas del parque hasta el preciso instante de ser relevado por las nubes. Es admirable tal ejemplo de honradez. Pequeñas anécdotas que nunca podremos contemplar en la pista: sólo al saltar del redondel al tendido comienza el torero a advertir muchos pintorescos matices de la lidia.

A Paulita parece contrariarle el hallazgo del número 479. Malhumorada, me pregunta por Paula, y le contesto irónicamente, como Caín, «que no soy el centinela de su madre»[32].

Va perdiendo inquietud. Quiere, al fin, saber qué manzana produjo en ella el más atrevido escorzo, y yo le recuerdo dibujos parecidos, de contorno más claro. Le hablo de aquel señor feudal que, a los postres de un banquete, sembraba el pavimento de escudos de oro. Luego hacía venir a la moza más lozana del feudo, y allí, ante los invitados, le obligaba a desnudarse. La aldeana, hecho púrpura el fino melocotón de su carne, iba despojándose de sus prendas a la voz imperativa del señor, hasta quedar sólo cubierta de la piel.

Después, invitada por el anfitrión, comenzaba a recoger los escudos esparcidos por la alfombra, entre las sillas, bajo la mesa...

Era maravilloso el espectáculo. Se multiplicaban indefinidamente los perfiles.

---

32 *Centinela*: Según la Biblia, Caín mató a su hermano Abel, y cuando Dios le preguntó dónde estaba su hermano, Caín replicó que no lo sabía, y que él no era el vigilante de su hermano.

—Como usted, Paulita, multiplicaba ahora los suyos al recoger las manzanas... Salvo el traje.

—¡Qué bárbaros!

—Eran artistas. Quizá por un poco de rubor de la aldeana, ganaría el arte un lienzo genial o un soneto delicioso. Porque, entre los comensales, solía haber Leonardos y Aretinos[33].

Paulita rechaza esta honesta desviación de mi relato, y sigue en línea recta su visión del lance escabroso; porque pregunta:

—¿Y qué hacían después con la infeliz?

—Eso ya no pertenece a la historia ni al arte. Supongo que la doncella, en cuanto dejara de serlo, volvería a su hogar con el bolsillo lleno de monedas.

Sigo hablando aturdidamente, sin lograr divertir a Paulita. No comprendo su enfado. El pabellón está vacío, inhabitable. No hay en él un solo sofá donde poder recitar las décimas de la declaración que tanto teme. Ni un lecho para los epílogos de tormenta. Ni una alcatifa[34] para meditar, en cuclillas, junto al ajimez, sobre los filtros misteriosos del amor.

Nada hay en torno nuestro que empuje el diálogo por enmarañados desfiladeros íntimos. Nos contemplan socarronamente dos feos monstruos de piedra que un día babearon su lujuria sobre la carne fragante de alguna sultana. Al menor atisbo de turbación erótica derramarían sobre nosotros un chorro de agua sedante, medicinal. Pilas de jaspe, azulejos de hostil contacto, agua y viento, todo lo frío y duro nos rodea. Un mundo de crudezas donde se agostaría, apenas nacido, cualquier brote sentimental.

---

33 *Leonardos y Aretinos*: Referencias a dos importantes artistas italianos del Renacimiento, el pintor e inventor Leonardo da Vinci (1452-1519) y el poeta Pietro Aretino (1492-1556).

34 *Alcatifa*: Alfombra fina.

Si al menos surgiese en él Paula, crecerían las posibilidades espectaculares. Veo un juego de puertas que nos permitiría esbozar un vodevil. Hay, sin duda, cerca de nosotros muchos resortes dramáticos vírgenes: la súbita aparición de Casanova, el rapto de Paulita, la cólera de Paula, un duelo entre los dos amantes, un rayo...

Sólo me separa de Paulita un parteluz, valla graciosa que divide todo un orbe de deseos. A un lado, mi indecisión; al otro, el goce intacto. Si salto la valla, acometiendo líricamente a mi amiga, se abrirán de par en par las puertas a un tropel de sucesos que saltarán sobre mis hombros; me arañarán y morderán, dejándome herido, maltrecho, incapaz ya de toda pura emoción, vendados los ojos, desafinados los oídos.

—Eso es una leyenda –insiste Paulita, recordando aún el episodio de la aldeana desnuda.

—No, no, historia. Las leyendas suelen ser menos crueles.

—Cuénteme una. Dicen que todo el balneario está lleno de leyendas.

—La más bella es la de este mismo ajimez. Se narra en el Libro II del Códice de Aguas Vivas...

Refiero la leyenda del ajimez. Moraima, Tez de Ámbar, y Ayub, Frente Ceñuda, se bañaban en estas aguas. Les seguía una escolta de siervos, entre los que se contaba el cautivo Hilderico, enamorado de Tez de Ámbar. Aprendió Hilderico a tañer la guzla[35], y compuso unas ardientes kasidas que inflamaban a la bella. Los siervos cuchicheaban. Tez de Ámbar escuchaba indiferente los versos del cautivo.

Moraima venía aquí a bañarse, en esta misma pila, e Hilderico deseaba ardientemente contemplar a Tez de

---

35 *Guzla*: Instrumento de música de una sola cuerda de crin.

Ámbar bajo la ducha. Moraima se resistía; pero, al fin, una noche en que el calor sofocaba y los dos pechos ardían con la máxima temperatura, Hilderico se subió a uno de los chopos desde donde se alcanzaba a ver la pila de jaspe. Moraima, vencida, se dejó desnudar ante las ventanas abiertas, con pretexto de dejarse besar por la luna. En el chopo se estremecía Hilderico, y bajo el agua, ardía Tez de Ámbar.

La experiencia se repitió otras dos noches. El baño de luna rejuvenecía a Moraima. Pero un esclavo envidioso contó a Frente Ceñuda la procaz aventura de Hilderico.

Ayub se encoleriza y manda espiar al insensato. Cuando, al fin, le sorprende en el chopo, fragua un proyecto diabólico. Hace rodear el árbol de una venda de algodón empapado de aceite. Cuando llega la noche, y la luna e Hilderico contemplan la trémula desnudez de Moraima, Frente Ceñuda, oculto entre los árboles, hace traer un puñado de virutas y dejarlo sigilosamente al pie del chopo del juglar. El mismo Ayub encendió la mecha. La llama sube rápidamente, y pronto lame los pies de Hilderico, que comienza a lanzar alaridos. Pronto el chopo se convierte en una crepitante antorcha. El juglar quiere huir de las llamas, trepa hasta la copa, pero, abrasado, cae al pie del chopo, entre las carcajadas de Ayub... Y entre las carcajadas de Tez de Ámbar.

—¿Cómo? ¿Moraima, también?

—Sí, pero sus carcajadas eran de locura. El terror la había vuelto loca. Sus ojos desorbitados habían seguido a Hilderico en sus piruetas por el chopo. Cuando le vieron caer hecho una brasa, los ojos de Tez de Ámbar pasaron del terror a la locura. Parece que veo brotar de este mismo ajimez aquellos trémulos brazos desnudos, como tallos vivos del parteluz...

—No invente.

—Es la versión exacta. Ayub sigue riendo. Moraima, también. Acuden a vestirla, pero ella no quiere. Sigue alzando los brazos a la copa del chopo... Y así sigue hasta su muerte, desnuda y riendo. Nunca se dejó vestir. La encerraron en una celda, y al punto se lanzó a la ventana buscando el chopo de Hilderico.

—¡Pobrecilla!

—Se construyó un pabellón frente a otro chopo. Y subieron al árbol a un bosquimano, tañedor de guzla. Le construyeron en las ramas un nido... Pero, antes de alojarlo allí, le sacaron los ojos.

—¡Qué horror!

—Un suplicio inútil, porque ya Moraima se había convertido en un manojo seco de sarmientos. Vivió algún tiempo oyendo tañer la guzla, y, al fin, ya reumática, murió. En su honor se compuso una romanza, con música de Tosti[36].

—¡Bien se ha reído usted de mí!

—No. Todo es cierto, salvo la romanza.

—Pero si es una leyenda, ¿cómo dice que es cierta?

—Es cierta como leyenda.

—Acaba usted de inventarla.

—Pero ¿desde cuándo a una leyenda ha de pedírsele la fecha de su nacimiento? ¿Sólo puede ser auténtica aquella que apenas se diferencia de la historia? Ésta es del siglo XIII. Tiene también su romancero.

> Vete, Hilderico, y no tañas
> esa guzla traicionera,
> que Ayub el felón te sigue
> para ajustarte las cuentas.

---

36 *Tosti*: Francesco Paolo (1846-1916) uno de los más grandes compositores italianos de la época de oro del canto. Autor, entre otras, de «Marechiare» y «Mattinata», sus romanzas se hicieron conocidas por sus melodías contagiosas y por las interpretaciones de famosos cantantes internacionales como Beniamino Gigli, Tito Schipa o Enrico Caruso.

> Presto, Moraima, has de vello
> fecho tizón de una hoguera.

—¿Y la música? Póngame eso en música.

—No recuerdo la música, pero recuerdo las variantes. La *leyenda del chopo* ha sufrido infinitas transformaciones. Una versión dice que Hilderico no se quemó. Trepó de rama en rama, se lanzó a otro chopo, y huyó de Aguas Vivas, sin que Ayub pudiera evitarlo. Más tarde, al conocer la locura de Moraima, vino a salvarla. Una tarde en que la loca se asomaba al ajimez, surge Hilderico, y Moraima, absorta, recobra la razón. Hilderico la tomó en sus brazos, y huyeron juntos. Moraima fue bautizada: se le puso por nombre María de los Dolores, más tarde Lola la Sultana. Se casaron, se establecieron en León. Montaron una cuchillería. Tuvieron seis hijos...

—¡Trapacero[37]!

—Es la variante más razonable, la que se prefiere en las ediciones para las familias. Hay otra en que Ayub mandó subir al chopo a Moraima, y quemó juntos a los dos amantes. En otra, Hilderico, que es un cordobés muy astuto, construyó un muñeco vestido de juglar y lo dejó atado al chopo, con una guzla. Cuando comenzó a arder, y cayó a los pies de Ayub, fue Ayub quien se volvió loco de coraje, mientras Hilderico se reía estrepitosamente desde una azotea, y Moraima, que conocía el ardid, recogía sus joyas y huía con el tañedor de guzla a vender tizonas a León. Conozco hasta veintidós variantes. Y un sabio prepara una edición monumental de esta leyenda. Quince años hace que trabaja en esta tesis: *La verdad sobre el chopo de Hilderico.* Cuando un sabio no puede inventar ideas, colecciona las de los otros, recoge fechas, anécdotas, variantes de anécdotas... Basta con una buena lupa.

---

37 *Trapacero*: que emplea astucias, falsedades o mentiras.

Para ocultar mi inquietud, me voy tejiendo una maraña de variantes. Paulita está ya tan cerca de mis brazos que cualquier gesto más vivo de los míos es un bosquejo de abrazo. Veo que va perdiendo uno a uno todos los sentidos, mientras agudiza los míos para recoger toda su belleza.

Comienza por no oír mis últimas versiones de la leyenda del chopo –Hilderico, hecho monje, se entrega al ascetismo, en castigo de haber contemplado la maravillosa desnudez de Moraima: es la versión que prefieren las bibliotecas piadosas–. Paulita no me oye, deja resbalar mis palabras por su atención polarizada hacia las nubes. Tampoco me ve. Sigue la dirección de cualquier pájaro asustado, de cualquier vuelo de hoja vacilante.

Y ahora el campo se hace pequeñito, sofoca más su aliento, deja pasar por su lomo erizado, tembloroso, al ceñudo fantasma.

A un relámpago más vivo, Paulita se estremece, se persigna... Un trueno horrible le hace tambalearse, refugiarse en mí, a pesar suyo. Me ve sonreír, y mi misma sonrisa le empuja a alejarse de mí, a buscar un refugio fuera de mis brazos. Ahora siento bien que me huye, ahora que siento su contacto.

Nada hay en ella polarizado hacia mí. Su carne tan jugosa, tan vegetal, caería, por fin, en mis brazos si una centella hiciese arder alguno de estos chopos, si el viento lo derribase impetuosamente. Su cuerpo joven, vibrante, armonioso, de quien conozco ya tantos perfiles, temblaría totalmente, medroso, al calor del mío, si el alfanje de brasa de un rayo rasgase el muro que nos cerca.

Pero siento que ya siempre su ritmo sería ajeno al mío; sorprendería en él más dolorosamente su intención de fuga. La tormenta pretendió empujarme hacia el eje de mi mundo emocional de estos días, pero ya cada minuto me siento más repelido, más lejano. Por un momento, tengo a mi alcance todos los resortes de mi vida, pero ya veo que no han de obedecer a mi presión. En vano me pregunto a qué ley desconocida está sujeto cada ademán de Paulita; en vano pregunto por qué se ríen de mí todas las fuerzas oscuras de su vida.

Con la séptima variante de la leyenda del chopo – Moraima, loca, desnuda, corre a través de los montes, buscando a Hilderico... –se abre en el cielo una cinta azul. Luego dos anchas franjas verdes. Desfallece, extenuada, la ruidosa charanga, cansada de repetir la misma overtura.

A cada golpe más remoto de timbal, sensiblemente más débil, se ensancha la distancia abierta entre Paulita y yo. Una total dislocación de masas y colores se inicia en el aire. Paulita y el campo recobran su pulsación normal.

Y la distancia normal: ella de mis brazos, el campo de las nubes.

Y con la normalidad, se me va de entre los dedos el minuto irreparable. Pierdo todo contacto con el eje de mi vida, condenándome a girar en la monótona rueda, como el resto de los muñecos de Aguas Vivas.

De nuevo el parteluz divide mi campo emocional.

Es inútil que, desesperadamente, pretenda apoderarme de una muñeca de Paulita. Se me desliza huraña, como el minuto. En lugar de la mano, me ofrece una manzana. La rechazo fingiendo una jovialidad indiferente.

—Pocas bromas con los símbolos.

—No es un símbolo, es un postre.

Lo dice burlonamente, con su falso aire compungido,

y al fin reímos juntos. Cobro alientos. Planeo un metódico ataque final, aunque ya sé que su risa es de campeón, y la mía de esclavo.

Pero ya no quedan relámpagos, ni variantes. La normalidad es plena en el cielo y en Paulita. Ella va a salir del pabellón, sin advertir mi afán de alargar la tormenta, la leyenda, el minuto de arco iris que sella la paz entre el campo y las nubes. Recojo todas mis fuerzas para asirla de un brazo y decirle, trémulo, al oído:

—¡Paulita!

Es tal su azoramiento que al intentar huir de mí se dirige hacia el ajimez, donde, acorralada, presa entre mis brazos, ensaya un grito que no acaba de estallar, mientras brota de mí una lluvia espesa de palabras sin sentido, rotas, apretujadas, incoherentes.

Paulita, abrumada, confusa, vuelve la cabeza, y luego la espalda, porque mis brazos caen laxos, derrotados, al ver en sus ojos la definitiva sentencia. Y allí me deja, envuelto en la red de mi vago idioma galante, asomado al ajimez, como un héroe de Zorrilla[38].

---

38   *Zorrilla*: José Zorrilla (1817-1893), escritor romántico español famoso por su versión del mito de Don Juan en el drama *Don Juan Tenorio* (1844).

5

Como el terreno escasea, las últimas casas de Aguas Vivas se internan, apretujándose, en las Termas, y las Termas prolongan sus hoteles hasta el corazón del pueblecito. Hay un paraje común: la avenida de las caricaturas, que comienza en el quiosco de los libros y termina en la iglesia parroquial. Idolillos a los dos extremos, unos de palo y otros de papel.

Y dos corrientes: la del pueblo que viene a huronear en el balneario y la del balneario que destaca algunos enfermos ya curados que cambian de enfermedad: el reuma por el turismo.

Nunca se producen choques, sino cierta penetración pacífica. Hay bruscos intercambios de dialectos y prendas de vestir. La bañista caprichosa que viene a hacer vida de aldeana; y la rolliza moza que comienza sus lecciones de señorita de ciudad. Una raspa su idioma, y la otra lo embadurna con barro de aldea. Una estrena su primer chal, y la otra sus primeras alpargatas. Algún madrileño aprende a blasfemar al estilo de Aguas Vivas, y los mozuelos de Aguas Vivas repiten torpemente el último truco de la Puerta del Sol. Una garrida[39] Aldonza[40] es asediada por un grupo de señoritos, mientras dos labriegos

---

39 *Garrida*: hermosa.
40 *Aldonza*: Por Aldonza Lorenzo, la labradora de quien se enamora Don Quijote y a la que decide llamar «Dulcinea del Toboso».

se ensayan torpemente en flirtear con Mary, picante tobillera[41] desprendida del rodrigón[42] de la institutriz.

Estamos en una zona ambigua, intermedia, capaz de
producir divertidas caricaturas. En todo paisaje humano
hay un abismo para las tragedias, una meseta para la
meditación y una feria para la caricatura. Este balneario
se proveyó de las tres cosas. Tiene un lago romántico, una
colina filosófica y esta avenida, cordón umbilical que
sujeta el balneario —fruto provisional de civilización— al
vientre moreno de la aldea; tal como aquellas campesinas
visitadas por los antiguos reyes cazadores, que inopinadamente daban a luz un príncipe en vez de un gañán.

De pronto surge un ser auténtico, virgen de interpolaciones. Llega una moza, de regreso de la fuente. Un
cántaro rojo, henchido, rezumante, sobre un rodete de
trapo —diadema irrisoria— en lo alto del pelo; y otros dos
cántaros rojos, rollizos, a uno y otro costado, hundidos en
las caderas, ceñidos, como niños gemelos, por los brazos
duros, maternales y viriles. Es una aldeana de ojos trans-
parentes, donde todo se pinta con la misma ingenuidad
que en dos pocitas[43] azules del río.

Tiene la voz agria y el contorno opulento y silvestre;
los pechos, estrujados por el pudor inflexible del justillo;
anchos los muslos, por el grueso refajo y las ásperas ropas
íntimas. Avanza con la ruda agilidad de una cabra mon-
tés. Cruza la avenida, envarada, retadora, triunfal, serena
estatua viva.

Si aquí tuviese alumnos para algún cursillo de aritmética aplicada al paisaje, dividiría mi faena en tres lecciones, una por paisaje. Porque hay tres balnearios: el

---

41   *Tobillera*: jovencita adolescente, que ha dejado de vestir como niña pero
     no viste aún como señorita.
42   *Rodrigón*: Criado anciano que servía para acompañar señoras.
43   *Poza*: Sitio donde el río es más profundo.

matinal, el vespertino y el nocturno. Tres paisajes vivos, con su idioma, su lago, sus chopos, sus trenes, sus pinos y sus tedios diferentes. Tres almas distintas de riqueza emocional justamente interpretada por los prospectos de la administración, aunque algún astuto marchante de pintura rebajaría las tarifas del alma triple de este cuadro.

O acaso el alma de la tarde alcanzaría una cotización más alta. El día está ahora maduro. A la mañana estaba aún en agraz, y al anochecer comenzará a pudrirse. Le invadirán lentamente los gusanillos pálidos de los luceros, y se irá desprendiendo, hecho informe masa negra, de la rama del almanaque. Ahora está el día en sazón, en su punto emocional, entre la excesiva inocencia blanca y la dorada sensiblería. El sol le adula, le bruñe, le redondea los contornos, gasta su última vehemencia en hacerse perdonar con mimos la tiránica opresión de la mañana.

Esta soberbia del sol que entonces imperaba como frenético dictador, sorbiendo con su enorme esponja blanca los matices del parque, de la colina y del lago; este lienzo abrasado que secaba implacablemente los zumos de la tierra, dejando bajo la bárbara violación una carne extenuada; esta catarata de luz termal que llenó hasta los bordes el hondo aljibe donde se amontona el balneario, es ya humilde caricia que recorre el cuerpo fatigado, sediento, haciendo revivir carmines, rosas, violetas, subrayando con sus besos el pulso azul de la amante.

Es la hora en que el sol se cansa de poseer la tierra, y prefiere jugar infantilmente con sus hijos, los colores.

Y se van multiplicando los paisajes, a expensas del venero hidroterápico. Hay tantos como bañistas. Pasa un agustino leyendo su breviario. Para él Aguas Vivas es una piscina, llena de tentaciones, como toda asepsia, donde se cuece la carne pecadora para poder servir más ágilmente al espíritu.

Cada bello trozo de planeta es una antesala del cielo; o del infierno, si es abrupto. Un labriego sólo ve en esta cuenca cierta frívola parcela robada al cultivo; y un deportista, cierto posible campo de fútbol a costa de una docena de álamos. Un botánico piensa en colgar un cartelito en cada tronco, mientras los amantes sólo miden el espesor, y el albañil la largura de unas futuras vigas. Yo he visto al guarda contar todas las mañanas los geranios que brotan en cada arriate, y pienso que sólo puede hallarse la justa expresión del balneario, contemplándolo con la serenidad de un contable que encuentra su exacta equivalencia en cifras. Mejor que exprimir sus jugos líricos tan arbitrarios, es fijar exactamente el número y el precio de cada flor.

No tengo empeño en aplicar a la consideración del paisaje mi criterio profesional, sino de señalar la inconsistencia de las demás valoraciones. El poeta no suele ver el paisaje, porque trae siempre consigo modelos más complicados. El pintor, tampoco, porque teme pintarlo tal cual lo ven todos los demás, lo que le haría fracasar en la primera exposición.

Ni siquiera puede verlo el topógrafo, que lo palpa y mide palmo a palmo, como no suelen ver a una mujer hermosa los especialistas de las enfermedades de la piel.

Por el plano ferroviario, superpuesto a la avenida de las caricaturas donde callamos juntos Paula y yo, cruza un tren muy risueño que, en vez del negro penacho de las ménades, arrastra un albo ronsel de pañolitos de batista[44].

Es el tren de la tarde, desde donde nos saludan viajeros que nunca nos han visto, bien diferente del tren de la

---

44 *Batista*: Lienzo fino muy delgado.

mañana, en que se esquivan, lacios y avergonzados, los mismos novios en fuga, o del de la noche, en que se evitan las confidencias del amigo de la niñez. El lago, que a la mañana latía apenas meciendo una lancha donde jadeaba un adolescente y se erguía una institutriz, suelta ahora todas sus góndolas y abre la jaula verde de sus locos vientecillos, que saltan brizando las ondas y pintando en el agua los árboles del contorno, que borran precipitadamente al ver en su dibujo una trivial fotografía.

Es la hora en que el bañista rompe su severo régimen y pide al camarero la copa de coñac penosamente aplazada durante el resto del día. Hora en que fracasan las recetas y el balneario asegura la nueva visita de los clientes, como el sagaz zapatero deja disimuladamente en los zapatos un trozo endeble de piel para asegurar la venta inmediata de otros nuevos.

Yo mismo, que durante la mañana apenas logré percibir las deliciosas incitaciones de la sinuosa epidermis de las Termas —que se vende, a trozos, en las postales de Aguas Vivas—, ahora percibo los latidos de cuatro provincias diferentes, superpuestas.

Siento palpitar cuatro mundos paralelos. Uno en el subsuelo, otro en esta avenida y dos sobre mi cabeza: el ferroviario y el celeste. Mi lección titulada «Las Termas al atardecer» tendría, pues, cuatro capítulos.

Capítulo primero: Paisaje subterráneo. Panorama de aventuras forjadas por una subconsciencia telúrica, hechas ya razonable historia por un ingeniero, un químico, un galeno y un contable. Milagrosa geometría de agua que, después de resolver sus menudos problemas interiores, estalla hecha gavillas calientes, desparramándose sobre los hombros y la nuca y los pechos de Paulita, y resbalan por los canales rosa de la espalda y del seno, y se reparten por el regazo y los muslos temblorosos bajo el vivo encaje.

Milagrosa geometría de agua que para cada prodigio reclama un vale de la administración, como en Lourdes cada maravilla supone cierta jaculatoria[45].

Capítulo segundo: Paisaje atmosférico. Meteoros. Nubes violadas por el incansable falo de un picacho adusto, sordo a todos los afanes de pura ordenación de la gerencia: Goliat autónomo —o acaso regido por la ley de Zaratustra— que sirve de voluptuoso enlace entre el plano aéreo donde se fraguan las tormentas y los dos planos inferiores donde cierto desequilibrio de humores junta al azar seres humanos que nunca podría reunir un puro equilibrio de emociones.

En este capítulo habría un minucioso recuento de los azules que el día renueva a cada hora para responder a nuevas demandas de reactivos líricos; y, otro, de las vagas danzas de nubes que acuden a curar al azul de turno, de una posible monotonía. En su danza de ayer se asestaron epítetos fulminantes, haciendo estallar una ducha no prevista en las tarifas.

Capítulo tercero: Plano ferroviario. Enorme signo de igualdad entre todos los tedios del orbe, que la Agencia Cook[46] no puede hacer más soportable. Vidas que pretenden desplazarse inútilmente, Celestinescos torbellinos que nos invitan a huir de este aljibe medicinal. Ríos espesos que enfilan su cauce hacia los remansos cenicientos de las estaciones. Plano teratológico. Monstruos de granito.

---

45 *Lourdes*: Ciudad del sur de Francia donde se encuentra un famoso santuario de devoción mariana al que acuden miles de peregrinos. Sus aguas tienen supuestamente propiedades curativas.

46 *Agencia Cook*: Thomas Cook (1808-1892) fundó a mediados del siglo XIX la que se considera la primera agencia de viajes del mundo, Thomas Cook & Son.

Larguiruchos peces que se anegan en la caverna del Ku-Klux-Klan, después de abrirse en el vientre una cadena de heridas, por las que se asoma Jonás sumido en la panza irrespirable, impaciente por ser vomitado en un andén[47].

Una tarde cualquiera este tren se tragará a Paulita. La veré sonreír un momento al cruzar sobre la avenida de las caricaturas, y sumergirse en el túnel definitivamente. Su pañuelo, al ondear en el aire, borrará entre los dos todo signo de enlace, como yo borro el signo X de entre dos monomios. Alguna vaga postal me hará más evidente su total lejanía.

Y, ya en el cuarto capítulo, en este plano donde soy cierta figura silenciosa, al margen de las olas que van y vienen, voy midiendo el desnivel de mi atención ya siempre inclinada hacia el platillo donde rebullen las risas de Paulita. Podría apiñarse todo el orbe en el otro platillo, y siempre vencería en mí este poco de espuma luminosa que es una risa de mujer.

Siento de nuevo, vivamente, que ya no soy eje del pequeño mundo de mi vida, yo que me ufanaba de ser el centro de Aguas Vivas, como de todo el mundo. Soy tangencial a otra esfera vibrante. Giro a ciegas en torno a otro centro del universo. Paulita me ha arrebatado el trono.

Aturdidamente, me fui desviando del corazón del orbe que era mi propio corazón. Mi ritmo es ya prestado. Soy un instrumento más en la gran sinfonía. Ya los cuatro planos, y todos los que pudiera trazar aquí un geómetra loco, cruzan sus diagonales en un punto que no soy yo, sino Paulita. Porque sólo el amor puede hacernos abandonar el eje del mundo, para cederlo a una mujer.

---

47 *Jonás*: Alusión a la historia bíblica del profeta Jonás, que en una tormenta fue tragado por una ballena y tras orar a Yahvé fue vomitado por el cachalote en tierra seca tres días después.

Es ya inútil mi primera versión de los orígenes del balneario. Reconstruyo la precipitada monografía, porque advierto que también el pasado enlazó los eslabones de sus horas para prender al fin de la cadena aquella mañana memorable en que vi llegar a Paulita por la avenida de las Estaciones. Las Termas fueron construidas para que una mañana apareciese Paulita en medio de ellas. Y todo lo que veía yuxtapuesto, acumulado según artificios mercantiles, sin otro plan estético que engrosar la caja, se me armoniza ahora y se me reparte en jerarquías claras, vitales, luminosamente definidas por la distancia que les separa de la boca sensual de una mujer.

Todo se fue posando dulcemente, vibrando en torno del nuevo eje de perspectiva. El parque y el lago, la colina y el río, aguardan el ímpetu de una nueva carcajada de Paulita para cambiar de ritmo.

No me importa verla desaparecer entre los árboles, porque en cada hoja sorprendo un rebrillo de la luz de su frente azotada al pasar por una rama. No me importa su huida, porque en cada piedra sorprendo la huella de sus pies.

Además, ha dejado a mi alcance su propia caricatura. Porque Paula es la caricatura de Paulita. Su mismo rostro, deformado por el más irónico dibujante: el tiempo. Su mismo lenguaje, deformado por el más lamentable retórico: el otoño.

Sentada junto a mí en una butaca de mimbres, siguió con los ojos la fuga de Paulita, y se hundió luego en la diáfana turbulencia de mis pupilas. Fatigado por este vaivén humano, cierro los ojos y pretendo iniciar un viaje a mis remotos países interiores. Pero este viaje es lo más parecido a un sueño, y Paula, creyéndome dormido, me insinúa:

—Podríamos pasear.

—Bien.

—¿Por el pueblo?

—Sí.

A los pocos pasos, sorprendemos a Paulita enlazada a Casanova. Rápidamente abandona el brazo alquilado y continúa su paseo. Paula nada dice, pero lee en sus ojos la alegría de restarse un rival. Ya no es madre, sino amante. He creado un mundo armonioso para que Paulita le marcase el compás, y ella, soberana de un orbe, prefiere someterse a un tiranuelo advenedizo.

Se aleja del foco del universo por ir en busca de un trivial cotizador de aventuras, tan mercenario como cierto robusto seudoartrítico que, a la cuarta inmersión en la piscina, salió ayer «por su propio pie», y, arrojando aparatosamente las muletas, proclamó, ante todos los enfermos verdaderos, el triunfo hidroterápico de las Termas correspondientes a este verano.

Como otras tardes, acudimos a saludar al pequeño granado que asoma sus brazuelos por la tapia de un huertecillo. Da gozo verlo abrasarse. Todos los julios se incendia. Todos los veranos se cuajará de estrellitas de fuego como éstas, que se convierten en ceniza sin guardar rescoldo alguno en los lindos caparazones.

Este granado es muy vehemente, como el tropel de rapaces que cruza ahora la montaña, detrás de un borriquillo cargado de fruta. Escucho las cien lengüecitas de llama que cantan la alegría de consumirse inútilmente. Porque nunca se grana su aliento en los gordos cristales bermejos donde el ascua se hace miel. El pequeño granado se agita dentro de su aro de eucaliptos, apagando poco a poco sus estrellas.

Los manzanos pintan a lo largo de la tapia una larga teoría de figuras turbulentas que se entregan a una danza sin música bajo la batuta del aire.

Se transmutan todos los valores pictóricos de las cosas. Esta fina piel del color que recubre Aguas Vivas ha abierto ya sus últimos poros para sorber la ducha final. Sólo las nubes, carne alada, sin epidermis, prenden en sus grandes esponjas, en sus marañas informes de hilos de agua, de fibras al vivo, la postrer ráfaga, huidiza, que se filtra por el tamiz, como la paja rubia por el harnero, hecha fina polvareda, nimbo de oro de la gran naranja viva.

6

Ya de nada me sirve la puerta de escape que tiene el balneario hacia el paisaje libre. Desde la tarde borrascosa en que se me perdió Paulita, un espía tenaz avizora la carretera, sigue el rumbo de mi tímida evasión: Paula. De cualquier ribazo brota la opulenta madurez de mi amiga, irritando con su voz de caramelo las sombras cejijuntas, silenciosas, que me preceden y me siguen.

Para huir de la meliflua inquisidora de mi diario *stock* de emociones, he de intentar refugiarme en la intimidad del pueblecito, hallar en él un recodo, una cavidad ignorada. Puesto que se me prohíbe la franca evasión, intentaré un cobarde escamoteo. Fracasada mi retirada heroica, apelaré a agazaparme en la trinchera.

Mi trinchera es hoy un cafetín solitario que goza de un apéndice lírico, oloroso a albahaca y a menta: un jardinillo al dorso del edificio, donde puedo esconderme a rehacer por unas horas mi quebrantada soledad.

Me abruma pensar que soy una ciudadela sitiada. Pero el enemigo, ya ducho en la estrategia, opera por lentos, por espaciados ataques. Sus modos de operar son en todo opuestos a los míos. Pretendí escalar en un instante el erizado muro que me separa de Paulita, y ahora Paula me enseña la verdadera táctica.

El enemigo se presenta sonriendo al pie de las murallas, ofreciendo al atacado un azafate[48] repleto de fruta en sazón. Tal es su porfía, que, al fin, meriendan juntos.

En mi retiro no faltan silenciosos amigos: dos filas de lirios apagados, un pino, hileras de vivaces gusanillos. Y tras de la cerca, un torreón, la montaña, un grupo de olmos. Grandes y pequeños, huraños y dóciles. Con sus calladas palpitaciones voy granando el pintoresco salón de estío que me ofrece Aguas Vivas.

Grandes óleos, con crestas de cerros morados y masas cárdenas de nubes; lindas acuarelas, con tiestos de alhelíes y geranios, con tiernas cañas y umbríos emparrados. En el bancalillo de lirios, desnudo de sus airones morados, hay clavadas, enhiestas, seis, ocho, diez lanzas verdes de malva real, con sus anchas escarapelas rosas o granates y su espiral de hojitas grises. El viento las mece, azuzando la envidia del rebaño de lirios –pelotón de bayonetas apretujadas–, que espera ver rotas las lanzas orgullosas cuando el viento arrecie...

—¡Por fin di con su escondite!

Paula. ¡Estoy perdido! En mi salón de estío estará siempre colgado este lienzo donde sonríe una opulenta Ceres[49].

—¿Escribe?

—Leo.

—¿Novelas?

—No. Mi libro favorito.

—¿El *Manual del perfecto contable*?

—No. *Molestias del trato humano*.

Me mira tan compungida, que añado, sonriendo:

—Este libro, naturalmente, sólo se refiere al trato de

48 *Azafate*: Bandeja o canasta con borde de poca altura.
49 *Ceres*: En la mitología romana, diosa de la agricultura.

los hombres. Su autor es un buen fraile que nunca frecuentó el de las mujeres. Es un libro mutilado... Con una bella mutilación.

—Bromas de usted.

—No, ¡mire!

Le muestro el libro, abierto al azar.

—Lea.

—«¿Qué león iguala al hombre en la ingratitud? ¿Qué tigre excede al hombre en la crueldad? ¿Qué cocodrilo en la alevosía? ¿Qué víbora en la cólera? ¿Qué zorra en la astucia? ¿Qué perro en la envidia?...». ¡Para este fraile, el mundo es una casa de fieras!

—Exacto.

—Por eso huye usted de los amigos.

—No, puesto que hablo con usted.

–A mí me encontró al azar, en una huida.

Ladinamente, suele llevar, empujar la charla a sus orígenes, a los tiempos heroicos en que, como todo idioma primitivo, apenas fue una sucesión de vagas exclamaciones, salpicadas de guarismos. En su afán de exprimir a aquel instante sus corolarios más sabrosos, lo intenta reproducir en toda coyuntura.

Sin éxito, porque yo rodeo de sonrisas silenciosas aquel capítulo inicial de nuestra pequeña historia. Como en el de todas las demás historias, intervinieron allí fuerzas oscuras, misteriosas, que un espíritu matemático desdeña comprobar: es ya materia para el psicópata o para el providencialista ortodoxo.

Por fin, abandona el pasado y cambia súbitamente de tema:

—¡Qué triste, andar siempre entre números y planos!

Por ese costado no soy inexpugnable. Preparo todas mis defensas.

—No, no. Mis números me divierten mucho, tanto como los hombres. Además no me rodean ellos solos. Con cada grupo acude siempre a mí una amiga predilecta.

—No entiendo.

—Es que asocio mis operaciones a todo lo vivo de la historia, de la leyenda, del arte. Mis alumnos son dóciles y en sus libros tienen abierta cuenta corriente a todas las bellas mujeres, a todas las diosas, subdiosas y heroínas del Olimpo. Y, si lo prefieren, a un linaje entero de reyes, arcángeles o profetas. En nuestros *libros Mayores* aparecen siempre socios acreditados, clientes de universal prestigio: es un principio rudimentario de todo buen comerciante. No inventamos nombres de compradores o accionistas, los resucitamos. Y cada uno se surte de los géneros que le son peculiares. Un alumno, hijo de labriegos, vende trigo a los doce hijos de Jacob, excepto José[50]: estamos en la época de las siete vacas flacas. *Caja a Zabulón. Mercaderías a Rubén...* Tenemos tablas de reducción. El talento hebreo, el siclo, el dracma, todo se convierte, exactamente, en actuales pesetas. Mis alumnos saben a quién venden y qué venden. Mi labriego –por ejemplo– conoce a cada hijo de Jacob... Sabe que, en fin de cuentas, todo lo pagará José, que hizo carrera en Egipto.

—Es divertido.

—Otro alumno comercia en sedas. Éste prefiere las reinas infortunadas con un amante responsable. *María Estuardo a Mercaderías...* Es un sentimental, que ha de regir una fábrica de tejidos y debe armonizar tan desdichado temperamento con su destino en la tierra. Envía a

---

50 *José*: Según la Biblia, José fue uno de los doce hijos de Jacob, envidiado por sus hermanos por ser el preferido de su padre y vendido por estos como esclavo.

cada soberana espléndidas cajas de regalos. Conoce a
Doña Blanca de Navarra, a Catalina de Aragón, a Urraca
de Castilla... Les abre amplios créditos; estudia la época
de sus clientes, conoce sus aventuras, las dimensiones de
sus trajes para ser preciso en las remesas... Otro alumno
prefiere tratar con dinastías completas. Otro prefiere
príncipes bastardos; tiene el temple belicoso y su padre
una cuchillería. Ya ha vendido tres veces a Enrique de
Trastámara[51] el puñal con que ha de matar a Don Pedro.
Hay uno muy torpe. Soñador, perpetuo sonámbulo, que
comercia en papel. Tiene cuenta abierta a todos los poetas
y es el que peor calcula. Para que Gutierre de Cetina[52]
pudiese escribir el madrigal de los ojos, le facturó veinte
resmas de papel; y para las obras completas de Lope de
Vega, remesó un ciento de cuartillas. Todos los días tengo
que rectificar los envíos. Se nos quejan los clientes...

—¿Cómo?

—Sí, porque todos están vivos, comprando, ven-
diendo, regateando, reiterando remesas. Silvio Pellico[53]
nos ha pedido por tres veces, desde sus «Plomos», una

---

51 *Enrique de Trastámara*: Enrique II de Castilla (1333-1379), primer rey de
la dinastía Trastámara, fue el cuarto de los diez hijos extramatrimoniales
de Alfonso XI de Castilla. En la Batalla de Montiel (1369) venció a Pedro
I de Castilla, llamado el Cruel o el Justiciero, quien a su vez era hijo de
Alfonso XI y de María de Portugal —o sea su medio hermano—, y a quien
hizo asesinar para acceder al trono de Castilla.

52 *Gutierre de Cetina*: (1520-1557), poeta español que bajo el sobrenombre de
Vandalio compuso un cancionero petrarquista a una hermosa Laura, a
quien también está dedicado su famoso madrigal *Ojos claros*, que dice:
«Ojos claros, serenos, /si de un dulce mirar sois alabados, /¿por qué, si
me miráis, miráis airados? /Si cuanto más piadosos, /más bellos parecéis
a aquel que os mira, /no me miréis con ira, /porque no parezcáis menos
hermosos. /¡Ay tormentos rabiosos! /Ojos claros, serenos, /ya que así me
miráis, miradme al menos.»

53 *Silvio Pellico*: (1789-1854), patriota, escritor y poeta italiano. Apresado en
1820 por la policía austríaca es recluido en la cárcel «dei Piombi» en Venecia, donde compone varios «Cantiche» y las tragedias *Ester d'Engaddi*
e *Iginici d'Asti*. Liberado en 1830 por un indulto imperial, contó su experiencia carcelaria y su repatriación en la obra autobiográfica *Le mie pri-
gioni,* que alcanza gran popularidad.

docena siquiera de cuartillas. No hay tiempo de atenderle. Chateaubriand[54] no puede terminar sus memorias si no llega nuestra segunda remesa. Que aguarde siglos. Gozamos de pequeñas venganzas, de favoritismos, de deliciosas intimidades. A Grilo[55] sólo le servimos una octavilla. Y al pobre Campoamor[56], otra, para que, al menos, pueda escribir una humorada. En cambio, a Góngora[57], le tenemos reservado un vagón de cuartillas. Y otro a Stendhal[58].

—¡Vaya unos clientes!

—Repito que están vivos. Nos hablan, nos riñen, nos sonríen. De algunos tenemos retratos. Cada uno conoce a los que prefiere, y con cada nuevo cliente estudia un trozo de vida, pasada o presente, pero siempre actualizada en «hoy». Al que no merece vivir, se le desecha. «Reservado el derecho de admisión». Para nosotros, no existen hombres del pasado o del presente, sino hombres vivos u hombres muertos.

—¡Qué gusto ser alumna de usted!

—Puede serlo...

Me detengo un instante, con la pasarela en alto. El ímpetu mismo de la charla me ha dejado en la orilla de este río que Paula intenta vadear; me puso en las manos

---

54 *Chateaubriand*: el escritor y diplomático François-René de Chateaubriand (1768-1848) está considera el iniciador del Romanticismo en Francia. Tras su muerte se publicaron sus voluminosas *Memorias de ultratumba*.

55 *Antonio Fernández Grilo*: (1845-1906), poeta español, académico de la Lengua. Escribió poemas muy populares como *El Invierno*, *La chimenea campesina*, etc. y la más famosa de todas, *Las ermitas de Córdoba*. La crítica le reprochaba que en su poesía la forma prevalecía sobre el fondo.

56 *Ramón de Campoamor*: (1817-1901), poeta español de inspiración realista, creó el género de la humorada, poemas breves sencillos y populares. En más de una ocasión, fue objeto de la ironía de Jarnés por representar una literatura de escasa ambición estética.

57 *Luis de Góngora*: (1561-1627) poeta barroco español, máximo representante de una poesía conceptual y de gran complejidad formal.

58 *Stendhal*: Seudónimo del novelista francés Henry Beyle (1783-1842), autor de obras como *La cartuja de Parma* o *Rojo y negro* y uno de los escritores predilectos de Jarnés.

la tabla. Ya tengo que dejarla caer, y esperar serenamen-
te el arribo de Paula, que, algo inquieta, espera el fin de
la maniobra. Recompongo la frase rota, con una sonrisa:

—Puede serlo desde hoy.

Tiembla de emoción. El vaso de limón que tenía en
el aire, cae de nuevo en el platillo.

—Pero lo que usted me cuenta, es cosa de niños... Y
yo...Y nosotros...

—Tenemos veinte años. No hay edad para el espíritu.

—Crea usted...

—Escoja sus clientes. Usted me habló de un almacén
de abonos... Podemos vender a Cincinnato[59], a los primeros patriarcas, a algún poeta horaciano... A Abel, a
Abraham, a...

—No me gustan.

—Sustituyamos el género. Para aprender, es lo
mismo. A una tienda de abonos podemos oponer una
perfumería.

—Bien.

—Y para clientes, ahí tiene las grandes cortesanas:
Friné, Safo, Ninón...

—No, ésas no. Prefiero... los grandes enamorados.

—Cuenta corriente a Macías, a Romeo, a Abelardo, a
Tristán... Le presentaré los que usted no conozca.
Averiguaremos la clase de perfume que prefieren.

—¿Cuándo empezamos?

—Mañana.

Todo es almíbar en Paula. Pronto goteará su miel

---

59   *Cincinnato*: Rómulo (1502-1593) pintor italiano de la escuela manierista,
      que en España trabajó para Felipe II. En su arte exagerado, sólo apto para
      iniciados, los personajes presentan facciones o miembros alargados, re-
      torcidos e imposibles en la realidad, y los colores no son naturales, sino ex-
      traños, de ahí la ironía.

sobre el libro Mayor. Veo la cadena que ha de atarnos al libro. Cuando llegue el turno a Paolo, ella se ha de creer Francesca[60]. Ya me sigue hablando, exaltada, de este almacén de perfumes que ha de ser fantástico escenario de nuestra lucha didáctico-sentimental. Con pretexto de adiestrarse en la teneduría «para inspeccionar –dice– a su gente», me perseguirá a todas horas, planteándome problemas infantiles. Yo los resolveré lentamente, añadiéndoles, como el hermético poeta a sus versos, un poco de oscuridad. Así podré detenerme en ellos, retrasar la solución, desviar los corolarios impertinentes a todo buen financiero.

Nuestra hipotética tienda –símbolo irónico del auténtico almacén de abonos– tendrá corresponsales en los países fabulosos del aroma. Nadaremos entre carabelas colmadas de sándalo y de cedro, entre veleros abarrotados de jazmín y de acacia, de incienso y de benjuí. Volcaré en el Diario todos los perfumes cantados por Orfeo. Proveeremos a la Reina de Saba y a Isabel de Inglaterra. Prodigaremos el regalo y el anuncio... Exaltaré un poco el doméstico ambiente de Paula, tan nutrido de esencias minerales y de frases almibaradas de *El Caballero del Espíritu Santo*[61]. Colgaré festones líricos a esta caricatura, aun a trueque de hundirme en el más turbio melodrama interior.

Salimos del jardinillo. Paula quiere alejarse del pueblo, internarse en el campo; pero yo evito este resbaladizo momento sentimental. Se inicia el crepúsculo, y cada

---

60 *Francesca*: Francesca de Rímini (1258-1285), noble italiana que se hizo amante de Paolo Malatesta, el hermano menor de su esposo, quien los asesinó al descubrir el adulterio. Según la leyenda –incluida en *La divina comedia* de Dante–, los amantes se dieron el primer beso mientras compartían la lectura de la historia de Lancelot y Ginebra.

61 *El caballero del espíritu santo*: Otras de las novelas de tono folletinesco de Guido de Verona, publicada en España en 1924.

pelotón de nubes grana rebotaría en el pecho opulento de mi amiga, dejando en él impresa su húmeda huella. Temo al crepúsculo como a una taimada Celestina. Como ante el espectáculo de todo moribundo, el ímpetu vital rebrota allí más pujante. Y Paula será temible a la máxima tensión.

Cruzamos lentamente el pueblo, mientras el sol desaparece. Grupos de bañistas huronean por las calles, buscando algún menudo placer que justifique su holganza.

Van y vienen turistas. Sus coches –humeantes proyectiles– perforan el corazón del pueblo, lo remueven, lo zarandean. Estas pobres casitas han aprendido a trepidar con la misma bizarría, con nerviosismo igual al de los rascacielos. Nos creemos en un hirviente suburbio de gran metrópoli. Vibraciones de selva y de parque, de aldea y de ciudad. Ponche encantador que ya va creándose un estilo.

El silencio, a veces, recobra su antiguo fuero. Laborioso cañamazo donde se van perfilando ruidos. Podemos aislarlos, uno a uno, de la trama. Podemos gozar a capricho de cada timbre, de cada resonancia. En la laguna del silencio es donde se dibuja exactamente el contorno de cada vibración. Un espíritu caprichoso puede catar el ruido y el silencio –alternativamente– en platos limpios.

La carretera, como una daga, se hinca en el pecho florido de la vega, donde se alzan senos deliciosos. Al asomar por el otro costado del pueblo, la fina hoja blanca gotea zumos verdes, lozana sangre de huertos.

Risueña, jovial –porque la jovialidad es hermana rústica de la gracia–; ataviada para unas efímeras bodas con el viajero, la aldea se deja acariciar por los ojos curiosos, por las manos inquietas. Cede blandamente –dócil campesina– a los apasionados turistas que siguen escudriñando hasta la entraña.

El viajero es aquí el señor, y ella es la hermosa que aguarda. Tal como aquellas siervas que en otro tiempo, junto a la delicia del agua medicinal, esperaban, perfumadas, los brazos ardientes del caudillo moro.

Llegamos a lo que yo llamo el puente neutral. Porque la aldea se parte en dos para abrir paso a este río que ya dejaron ruborizado los cínicos epigramas de Marcial[62]. Siempre está así, rojo y turbio. No puede reflejar nada. No arrastra siluetas de mujeres, vagos perfiles de nubes, como otros ríos hechos para llorar en sus orillas, para colgar arpas en las ramas de sus sauces.

Agua sin segundos términos, sin trastienda emotiva – la barrió el bilbilitano–. Agua de color de ladrillo, como la tez de estos labriegos, donde se esconden esos peces tan ingenuos que van brotando al leal llamamiento de una caña que piensa sin doblez, de la caña asesina, lealmente asesina, de nuestro amigo el sordo.

(Porque si este amigo pescador nos habla siempre con misterio, no es por maquiavelismo, es por sordera. Por eso, cada secreto, cada noticia de las Termas, nos cuesta un grito. A través de nuestro amigo, sólo podemos obtener del pueblo aspectos aislados, ráfagas de historia, jalones, nunca visiones totales. Él no podría prestar un firme báculo al historiador, pero al poeta sí puede ofrecerle una nutrida colección de cañas donde apoyarse. Por él conocemos lo más substancial, las coyunturas de la historia del pueblo. Las preguntas son cada vez más pensadas, puesto que su contestación –y su realización– es muy penosa. Esto no es charla, es un interrogatorio judicial.)

---

62   *Marcial*: Marco Valerio Marcial (40-104) poeta latino nacido en Bílbilis (actual Calatayud), es decir en la zona geográfica donde se desarrolla la novela, y famoso por sus epigramas de tono humorístico.

Se ve que a este río le entraron un día deseos de emu-
lar al Sena. Ya tiene también –todos los ríos no lo logran–
su orilla derecha y su orilla izquierda. Llevado de una
rara manía jerarquizante, comenzó a clasificar a los vecinos de Aguas Vivas. A la derecha, las casas más humildes;
a la izquierda, las más ricas, las de abolengo.

Este proyecto de estadística acabarán por definirlo
los mismos lugareños; pero siempre habrá un puente
neutral donde se juntarán ociosos de una y otra orilla.
(Hablan de la ociosidad, ¡y ella fue la que evitó tantas
escaramuzas! La ociosidad es la madre de todas las verdaderas virtudes.)

—El río es un gran anarquizante. Es un gran agita-
dor de paisajes –digo a Paula–. Bajo los pies de estos
hombres se desliza una perenne lección de inquietud, que
ellos hacen bien en no aprender. Llevan así la vida a un
punto de sencillez que hace imposible todo escape de
aventura. En la ciudad, perdemos la vida en dar brincos
detrás de nuestra propia irradiación. En estas caras enju-
tas, resecas, la vida está perfectamente confinada.

Bordeamos la montaña. Los duros flancos de la aldea
están oprimidos por un tirano corsé de cerros, varillas
inflexibles que no toleran preñez alguna. Sólo pueden crecer sus extremidades. Y en las entrañas hierve la gran mar-
mita. Luzbel tiene aquí una sucursal; y, como en el enorme caldero teológico, el agua se calienta desigualmente
para el enfermo o el sano. Aquí refresca, mientras abrasa
allí. Cada vena arrastra su fiebre. La que quema se distribuye por unos tubos y cambia de dueño. La sumisa naturaleza cede sus derechos al implacable comercio. Luego
vienen cuerpos maltrechos a hacerse abrir las espitas.

—Es maravilloso –dice Paula.

—No, es subconsciente, nada más. Todo aquí es subconsciente. En una geografía suprarealista, este río y estas venas febriles serían el elemento esencial. Como en una geografía clasicoide lo serían las espinas dorsales de los cerros, todo lo petrificado o petrificable del contorno. Mire...

—¿Dónde?

—Hacia la derecha.

—Sí..., serán novios.

—Una glosa jovial al viejo texto del río. O una ilustración picante, como esos cínicos muñecos que los alumnos aturdidos pintan al margen de su manual de física.

Una aldeana color de tierra se curva sobre el río, y va hundiendo en el agua rojiza, a la sombra de las cañas, un color y otro color. Su escorzo se precipita, se rompe en la corriente. Es un milagro de resistencia a resbalar, a hundirse, a equilibrarse, a quedar clavada en el cauce con las piernas azules en alto, como un árbol invertido. El pecho le tiembla bajo la chambra[63] cereza, y humedece en el río las puntas veladas de los senos.

El dibujo agobia, irrita, al principio, por su desequilibrio, por su ritmo no logrado. Pero el novio, callandito, de puntillas, se acerca y araña con sus dedos toscos una rama azul y la otra rama azul... Y el torso de la moza gira dulcemente; los ojos se besan, iluminados, y en arco los dos troncos encendidos, construyen la viva, la armoniosa arquitectura, terminan el bello dibujo que copia torpemente el agua apelotonada.

La rústica escena, como la ruda mano de un gañán, sacude fuertemente los nervios de Paula. Todo el paisaje se concentra en la erótica glosa, de más vivacidad que el texto.

---

63 *Chambra*: Vestidura corta, a modo de blusa con poco o ningún adorno, que usan als mujeres sobre la camisa

De la tarde, como de un gran volumen de enciclope-
dia, sólo recordaremos aquella procaz ilustración. Así de
una tarde dedicada a los clásicos, no solemos recordar un
período de Salustio[64], sino un hexámetro de Marcial.

Nuestra vibración es silenciosa. Un húmedo vapor
nos aleja del río; un grupo de curiosos nos empuja a un
cafetín.

—¡Títeres, hay títeres!

En el cafetín, vocean unos mozuelos y se abaten en
plena derrota los bigotes de un grupo de ancianos. Una
mujer bonita, sola en una mesa, se ríe sin saber por qué.
La envuelve un abriguillo ceniciento franjeado de rojo. Al
entreabrirlo, deja ver un montón de lentejuelas que hacen
guiños a las bombillas. Es la amante del prestidigitador.

Porque hay en el cafetín un prestidigitador. Antes de
intrigar a la aldea con los cubiletes «sin trampa», macera
los espíritus en un baño de fusas desordenadas. De un
violín extrae cierta rudimentaria opereta; y luego, de una
boina, muchas pavesas azules, verdes, violetas, granas y
color de miel: pañolitos tan leves, que apenas pueden sos-
tener el color. En la sombra serán impalpables.

Ella se desnuda del abriguillo ceniciento, y entre los
guiños de los mozos y de las lentejuelas –tenaces luciérnagas que la recorren las caderas y los senos y se le incrustan
en el regazo– sube al tabladillo y comienza su «número».

Para sus cubileteos le hace falta un niño, y los niños no
quieren subir a la tarima. Temen a los endemoniados tubos
negros, a los pícaros sombreros donde se esconden pelotas,
relojes, dos docenas de pañuelos y un pichón. Por fin sube
un niño; pero ya se advierte que no es un niño traído por el
azar. Es el lijo del prestidigitador; es un conejillo de Indias

---

64   *Salustio*: Cayo Salustio Crispo (86 a.C-34 a.C), historiador romano de estilo
complejo y lleno de asimetrías.

que se deja arrebatar dócilmente muchos duros, de la nariz, de las orejas, del pelo ensortijado y rubio.

Todos los niños ríen, menos él. Él conoce la trampa: tiene seis años y ha vivido mucho.

El niño repite monótonamente colmos y chistes – barro y necedad– aprendidos en la cartilla del hambre. Al fin inicia una procacidad que hace estallar la risa final del número «de fuerza». Los mozuelos aplauden y los viejos miden golosamente el grosor de las caderas de la «artista». El prestidigitador prepara su bandeja... Y todos se olvidan del niño del kimono salmón, que se sienta en su sillita mirando a todas partes como un perrillo cansado que, con saber tantas cosas, aún no sabe aburrirse.

—¡Pobre niño!–dice Paula–. No puedo ver estas cosas.

—Vámonos. Iremos a ver la quinta jornada de *El secreto de una esposa*[65]. O al casino. No hay más.

—No sigue hoy *El secreto de una esposa*. Es sesión extraordinaria en honor de un obispo bañista. Le prepara la Empresa este homenaje. Si usted quiere... Es una sesión blanca[66].

—Nos sumergiremos en esa tina de purificación. Vamos al cine. Tomaré un palco, por si viene Paulita. Allí seguiremos la charla.

El teatrillo se ha convertido en un templo. Recogimiento, diálogos susurrados. De pronto, el palco vecino se convierte en un púlpito.

El obispo de Antinópolis se adelanta sonriendo hasta la barandilla y contempla tiernamente a los espectadores. Sorprendo en él un ademán inequívoco: automáticamen-

---

65 *El secreto de una esposa*: película norteamericana en tono de comedia estrenada en 1929 y protagonizada por Thelma Hill y Bud Duncan.

66 *Sesión blanca*: implica que las películas mostradas poseen un tono candoroso y moralizante.

te, su mano se iba a alzar para bendecir al público; pero se contiene. Después lee el programa que le ofrece el familiar, con el mismo gesto de ofrecerle el manípulo. Y toda la faz de su ilustrísima va cayendo en un hondo reposo. El programa es tan lindo y tan blanco como el lecho de una colegiala.

Primero. Sinfonía, Schubert.

Segundo. Información gráfica de la beatificación de los sesenta mártires de Esmirna[67].

Tercero. *Imelda de Lambertini*[68]. Poema cinematográfico en blanco mayor.

Cuarto. *La oración de una madre*[69]. Cinedrama en tres jornadas.

—Quizá el público bostece un poco, apunta Paula.

—Pues no siempre se le ofrece una ocasión así de tener un obispo que dé tal fe de un espectáculo para todos los ojos. La velada es extraordinaria. El público, no. Siempre es el mismo.

—Está el prelado... Y mister Brook.

—¿Quién es mister Brook?

—Fue un socio industrial nuestro... Es un enamorado de España. Conoce sus paisajes, sus costumbres –buenas y malas–, sus libros, sus monumentos..., sus mujeres...

—¿Buenas y malas? –interrumpo.

Cae Paula en una rara turbación. Sus ojos fugitivos buscan un apoyo donde detenerse a descansar.

---

67 *Mártires de Esmirna*: En el año 155 d.C., varios cristianos fueron torturados a latigazos en la ciudad turca de Esmirna, aunque se mantuvieron incólumes en su fe.

68 *Imelda de Lambertini*: Joven nacida en Bolonia (1322-1333) de fe tan exacerbada que murió de éxtasis tras recibir por primera vez la comunión. Prohibida la comunión hasta los 12 años, la leyenda cuenta que una hostia sagrada fue volando por los aires hasta la frente de Imelda. León XIII confirmó su culto en el año 1826.

69 *La oración de una madre*: Con ese título se estrenó en 1925 la película *A Woman's Faith*, protagonizada por la actriz Alma Rubens.

—Parece que su último texto es Paulita. Ayer los vi juntos por el parque.

No contesta. Tinieblas en la sala y en la historia de Paulita. La plaza de San Pedro. Paseos por Roma. Jardines del Vaticano. La silla gestatoria. Muchedumbre a quien una ejecución capital y un santo nuevo conmueven igualmente.

La inquietud de Paula, que antes fue centrípeta, comienza a ser centrífuga. Se ovillaba, medrosa, ante un recuerdo; ahora se expande a un ligero contacto. Inopinadamente se encuentran nuestras manos, y las suyas buscan menudos pretextos para prolongar la cita. Una de sus caderas se adosa a mi feble arquitectura, y yo someto a todo mi organismo a un severo régimen de cauta inhibición. Respeto unos momentos su maniobra y me distraigo contemplando al obispo de Antinópolis que sigue atentamente el curso del programa: El Tíber. Incienso. Candelabros...

El sexteto, olvidado hoy del charlestón, inicia un coral de Bach. Mecida en la onda melódica, mi voz se extingue en los oídos de Paula.

—Iban juntos, muy alegres.

—Somos viejos amigos.

—Él parece ya maduro.

—Cincuenta y seis años.

—Veo que, efectivamente, son ustedes buenos amigos. Lo último que se conoce de un hombre, es su edad. Es preciso intimar, sonsacar...

Suplican, dolientes, sus ojos. Acarician, dulces, sus manos. Va a romper en sollozos.

—Cálmese.

El silencio se adelgaza tanto, que una tos levísima, el

roce de una butaca, lo crispan, lo sacuden, lo quiebran. Una inquietud erizada recorre los lomos de los espectadores. La pantalla derrama su mística blancura sobre todos, les hace contemplarse en ella como nerviosos narcisos. Ante la santita Imelda los bañistas inclinan la cabeza, sorprendidos en plena frivolidad veraniega. Una suave mirada de la niña provoca tumultos en tanta conciencia deleznable. El aire está a punto de estallar.

Paula contempla angustiada las escenas donde Imelda azota las frentes con el ramo de azucenas de su candor. El obispo, arrobado, recoge el menor guiño de la escena. La santita, nieve y jazmín, se arrodilla ante el altar. Se le niega, por niña, un cubierto en el divino banquete. Es tan menuda, que su tenue existencia amenaza desvanecerse con un soplo. El obispo recorre con los ojos aquel viviente panorama frente al surtidor de imágenes. El aire está a punto de estallar.

Un impoluto redondelillo blanco flota en la pantalla, sobre la frente de Imelda... ¡El milagro! De las alturas desciende suavemente el celeste manjar que ya quisieran morder los serafines. La sala tiembla de emoción. La onda angélica es tan dulce, que los cuerpos comienzan a perder de su peso, a elevarse para atrapar sus almas, que, como cohetes, se encienden, suben, se pierden en las nubes.

Ha llegado el momento de máxima fragilidad. Por fin, se produce el gran estallido:

¡¡Chass!!

La bofetada es rabiosa, cruel, enorme. Súbitamente los focos se encienden. El pan divino se oscurece. Imelda se esfuma: su pío ejemplo ha producido el fruto más ruidoso. Atónito, el obispo de Antinópolis extiende las manos sobre la multitud.

Abajo, densa quietud trágica. Inmóviles, rígidos, mudos, los espectadores –hombres, mujeres, niños– dejan resbalar por su frente la brusca luminosidad. Todos arden en cólera. Todas las mejillas están rojas de la misma santa indignación...

—¡Qué escándalo!

—Nunca lo dio así Lucrecia[70].

—Pudo hacer menos ruido.

Vuelve Imelda a la pantalla, y el silencio a los espectadores. El obispo desaparece. Ha fracasado el programa «especial», por la virtud de una mujer. Se sigue buscando inútilmente una mejilla; mientras, Imelda de Lambertini continúa en la pantalla su lección de piedad.

La sala se va quedando vacía. Paula sigue en la linde del sollozo. Insisto:

—Cálmese.

Conozco que me amaga un turbión anecdótico difícil de soslayar. Asoma la confesión por la boca de mi amiga, vuelve a ocultarse, como esos niños de las novelas de Zola que juegan al escondite sin decidirse a abandonar el útero. Y pienso que es preferible soportar una revelación inmediata a sentir tan cerca de mí, por más tiempo, la inquietud de una preñez muy dolorosa. Una caricia le da alientos.

—Dígame, Paula... Me interesa mucho.

Como la honesta modelo que el primer día se resiste unos minutos, pero, al fin, deja caer la camisa mantenida púdicamente en el regazo, Paula, después de estos rituales momentos de pudor, comienza a desnudar su pecho.

---

70 *Lucrecia*: Personaje de la historia de la antigua Roma. Según Tito Livio, su belleza impresionó vivamente a Sexto Sarquinio, hijo del rey Lucio Tarquinio (534-510 a.C). En ausencia del esposo de Lucrecia, Sexto aprovechando la oscuridad de la noche para entrar en su habitación y violarla, sin que ella se resistiese ni gritase, creyéndole su marido. De ahí la ironía de Jarnés en el texto.

La dejo perderse en lo que cree intrincadas selvas y apenas son cierto jardinillo cursi. La pasión, la caída, el arrepentimiento...

Imelda de Lambertini concluye su poema durmiéndose en los brazos del Señor. Dan luz a la sala, y mi amiga hunde sus ojos en tierra, aguardando otro intervalo de sombra para seguir desnudándose. Como un dardo, sube de las butacas la sonrisa de Brook, ¡el seductor!

—De modo que Paulita... Ahora comprendo su calma, su humorismo...

Comienza *La oración de una madre* casi en soledad. El público, agobiado de blancura, corre hacia la calle a mancharse un poco. Paula, al remate de esta necesaria catarsis, respira con más holgura. Su jadeo va perdiendo angustia.

—Mi mayor pena es suponer que el pobre Moisés haya podido suicidarse por todo esto. Nunca me dijo nada. Creí al principio que no sospecharía. Pero al crecer Paulita, y verse en su cara la de Brook... ¡No quiero pensarlo!

—¿A qué viene aquí ese hombre?

—Dice que va a morir, y quería despedirse de Paulita. Y de la Abadía de los Fresnos.

—Fue allí, donde...

—Allí.

7

Viene Paula tan lozana, tan oferente de su placentera madurez, que, al estrecharle la mano, no puedo contener la válvula y brotan de mí tres pares de signos de admiración:

—¡Paulita! ¡Deliciosa! ¡Arrolladora!

—¡Por Dios, profesor!

Contengo el torrente admirativo. No puedo soportar esos signos ni en la vida ni en el arte. Debí detenerme en la primera pareja. Paula, al sentir su nombre acariciado como un juguete, casi llora de emoción. El resto no le importa gran cosa, porque ya pertenece al arte sutil del tocador.

Conozco bien en la ternura de sus ojos que ha sorbido el zumo almibarado del diminutivo, y reitero generosamente:

—¡Paulita!

Reflorece. Se alisan las furtivas arrugas de su rostro recién pintado. Se enciende su boca, bajo el carmín. A poco más se derretirá el revoco[71], y asomará por debajo una piel nueva. Siento bajo la mesa el trémulo contacto de sus rodillas. Si sigo aniñando su nombre, va a convertirse en esa dócil muñeca que nos ofrece ingenuamente todos sus resortes. De la cálida matrona va a quedar una pudorosa adolescente que despierta al amor. Si toco ahora sus senos los sentiré endurecerse y apretarse como dos yelmos

---

71   *Revoco*: revestimiento de cal y yeso que se aplica sobre las fachadas.

de príncipe niño que juega a las batallas. Cruza por sus ojos la tímida centella de la paloma asustada que no sabe dónde guarecerse al escuchar el primer proyectil.

—¿Y la niña?

No quiero preguntar:

—¿Y Paulita?

Sería robar a Paula su juguete, por regalarlo a quien me lo arrojó a un rincón, entre los viejos piropos del Casanova de las Termas. Si el idioma contase con otros diminutivos, elegiría el más menudo para la verdadera Paulita. Pero el sustantivo castellano es viejo arbusto donde ya han florecido demasiados retoños. Soy un Adán que dispone de un lote muy corto de palabras en este edén hidroterápico donde sólo conté con una Eva.

—La niña tiene un poco de fiebre. Está algo débil. Las duchas la tienen extenuada.

Lo dice como si apartase un estorbo de la conversación. Para arrojarlo fuera, definitivamente, añade, sonriendo:

—Hoy está más animado el comedor.

No dispongo de una clara síntesis del comedor, y prefiero elaborarla con lentitud para no precipitar el diálogo. Salta mi atención de mesa en mesa, posándose unos instantes al borde de los platos, entre cada dos comensales.

Reconozco a nuevos bañistas. Todos los gremios, todas las latitudes sociales, nos envían algún miembro averiado. Hay en el comedor un viajante, dos frailes agustinos, tres alféreces, un novillero, un párroco, dos monjas, un usurero, un canónigo, un cirujano, un contable, cuatro rameras, un profesor de esgrima y ocho señoras indeterminadas... Son datos que me ofrece la gerencia, donde todos los demás viajeros anotaron su profesión,

diáfanamente, menos el usurero, que empleó un eufemis-
mo, y las rameras, que prefirieron apelar a una metáfora.

Las serpentinas de las charlas se espesan, se entrela-
zan, tejiendo sobre los platos una cúpula abigarrada,
vibrante. Están aquí todos los dialectos y todos los tonos,
acentos y ritmos del idioma, sin que puedan producirse
choques entre las regiones de diversa temperatura, porque operan todos en terreno neutral, en un sanatorio
donde se acoge a los heridos de todos los frentes.

Tampoco surgen escaramuzas de especie ideológica,
porque cada uno desconoce totalmente el idioma profesional del compañero de mesa, o lo acepta con desmesu-
rada complacencia. Sus monólogos paralelos no pueden
encontrarse en un punto donde estalle la chispa, porque
lo prohíben leyes de geometría y de dialéctica.

Sólo el párroco y el canónigo –seguramente tomis-
tas– podrían disputar con los dos agustinos, si aún que-
dase en el dogma algún punto opinable; pero, después de
veinte siglos, nada queda ya por discutir.

El usurero departe con el cirujano, y el profesor de
esgrima con el canónigo. Cada oficial cuchichea al oído
de una cocota, y el viajante, más experto, pide nota de
precios a la cuarta. El párroco recibe la confidencia de
una señora indefinida, mientras el novillero explica a la
más anciana unos pases de muleta premiados con el rabo.

Sólo los agustinos permanecen mudos, o siguen
quizá un ruidoso monólogo interior, para aturdirse y no
oír a la cuarta venus, que pone en grave aprieto la serenidad del comedor. Su jerga profesional va siendo inteligi-
ble para todos los bañistas, y el oído menos indiscreto ha
podido recoger una vibración del dominio privado y de
sentido internacional.

Paula me mira, interrogante. Espera dócilmente a enojarse, si yo me enojo; o a sonreír, si yo sonrío. Casi a un tiempo brotan las dos sonrisas. Es un pacto de indulgencia.

Después de cenar, emprendemos el paseo de otras noches. Hoy no nos sigue Paulita con aquel aire de fastidio que desaparecía al asomar el empleado Casanova. Acaso la fiebre de Paulita haya sido producida por un cambio de número en el programa del organizador de aventuras. Habrá ya otra heroína de novela. Su contrato con la Empresa le exige elaborar un gran *stock* de añoranzas, que, durante el invierno, harán evocar líricamente el balneario. Diez o doce corazones nuevos propagarán la dulzura del clima sentimental de Aguas Vivas, porque allí aprendieron a amar y a padecer tiernamente.

Veo diariamente a Casanova preparar tenazmente una cosecha espléndida de recuerdos, rivalizando con el proveedor de tarjetas postales. La nostalgia empujará a nuevos ataques de artritismo, o, al menos, de vaga parálisis del espíritu que sólo puede curar el régimen de las Termas. La Empresa conoce el corazón humano. La aventura es un denso trozo vital incrustado en un vacío de la larga y monótona cinta de los días. Injerto de vida intensa, de imposible repetición, pero de interminables vibraciones. Provoca una muy alta temperatura del espíritu que luego se resiste a descender un grado. Y entre los proyectos de la Empresa figura el de elevar todas las temperaturas emocionales de sus clientes, aun las más exóticas. Por eso atiende con esmero al negro del *jazz-band* y a las palmeras del islote; a las góndolas del lago y al quiosco de novelas; al tango porteño y al empleado Casanova. La Empresa conoce bien el alma femenina, aunque no ha leído a Simmel[72].

---

72 *George Simmel*: Sociólogo alemán (1858-1918), cuyas obras fueron introducidas en España a través de las iniciativas editoriales de Ortega y Gasset.

Salimos al parque, entre grupos de bañistas. El paisaje ha desaparecido, y sólo quedan ciertas vagas sombras de árboles y de nubes de sentido teatral, melodramático. La tarde se llevó todos los colores, y apenas algunos árboles destacan unas tulipas verduzcas para las bombillas.

Cruzamos la avenida de las caricaturas, hervidero de glosas triviales y de idilios reglamentados. Prefiero contemplar el hervidero desde el montecillo de Zaratustra, como otras noches. Allí, en plena soledad, rodeado de ruidos ya filtrados, suelo recordar algún teorema algorítmico, más exacto que las grandes afirmaciones puestas en música más allá del bien y del mal.

No temo profanar el lugar, abriendo en él mi abanico de fórmulas mercantiles, mientras se desvanecen las dos horas del cinema que me separan de la media noche. Paula y Paulita prefieren el film al concierto armonioso de los mundos —así lo llama el clásico, dejando entrever la idea de conciertos desconcertados.

Desdeño el *film* y el concierto mundial, y preparo alegremente mi próxima lección. Es muy lento el aprendizaje de Paula. Cada día recibimos —bajo nuestra joven diosa Primavera— partidas nuevas de perfumes, sin que Paula «Viuda de Moisés Rodríguez. Almacén de Abonos»— sepa darles salida. Hay letras protestadas, clientes sin servir, enormes discrepancias entre el Diario y el Mayor. Cuando mi alumna pretenda inspeccionar a su empleado, apenas sabrá hallar diferencia entre un saldo deudor y otro acreedor.

Pero esta noche se nos prepara otra minuta de emociones. Paula suprime el *film* y prefiere asistir conmigo a una sesión de fuegos artificiales, que tendrá lugar a orillas del estanque. Yo apunto la idea de asistir desde la cumbre

---

Dedicó un estudio al tema de la cultura de la mujer incluido en su libro *Cultura femenina y otros ensayos*.

al espectáculo. No quiero alterar mi programa, aunque presumo que ha de sufrir interpolaciones sentimentales.

Desde la cima se percibe claramente el tercer paisaje. Comienza a vivir el artificio, mientras dormita la naturaleza. El casino, el cinema, el quiosco, todo lo que durante el día era apenas un blanco entrepaño en las ocres y verdes arquitecturas de Aguas Vivas, logra ya el énfasis de un vanidoso primer término. Los pálidos frutitos eléctricos, antes ocultos en las ramas, han estallado a un tiempo, trazando en la negra pizarra del parque encendidos paralelogramos.

Un nimbo de mosquitos sueña en vano con chupar a cada fruto no sé qué etéreos almíbares. La civilización es verdugo de muchos inquilinos del aire. Mientras el racionalismo filosófico va suprimiendo a los búhos el aceite de las lámparas rituales, la física aplicada prohíbe a las mariposas suicidarse en la tenue llamita de los candiles.

Cada cerro se emboza en su negra hopalanda[73], donde han prendido un festón de luminosos cascabeles. Algunas lucecitas puntean la espiral que hemos seguido para subir al mirador. Sobre la cima, la enorme placa celeste luce su milenaria ortografía, donde la luna es sólo una coma.

Dentro de mí todo recobra su equilibrio. Cada mohín despectivo de Paulita ha sido un empujón que fue acercándome de nuevo al eje del mundo. Me había desviado para cederle el puesto; pero ya está corregida la penosa desviación. Vuelvo a tener el cetro del paisaje y del orbe, usurpado unos días por el maravilloso amor, que, si mueve el sol y las demás estrellas, mejor puede mover un alma de profesor mercantil.

---

73 *Hopalanda*: falda grande y pomposa, especialmente la que vestían los estudiantes en las universidades.

Conozco mi reconquista en las arbitrarias elipses que todas las cosas van describiendo en torno mío; ellas, que durante mi oscura servidumbre cambiaron de foco por adular a Paulita.

Yo las vi trazar en derredor de ella órbitas nuevas, pidiendo la merced de un ritmo. Habían aprendido una lección de serenidad y armonía; pero ya giran otra vez al compás de mi infantil batuta. Adoptan sus antiguos escorzos, mostrándome la lengua, al pasar, como chiquillos traviesos.

He perdido el sentido arquitectural del universo, al perder la clave del gran arco; y, rota ya la cúpula, sólo me resta jugar al ajedrez con las dovelas[74].

Las cosas recobran para mí su condición de muñecos cotizables que puedo ir escalonando a capricho en las montañas de corcho de este belén[75] de Aguas Vivas, y en todos los belenes de la tierra. Se me apagó el armonioso lucerito encendido en lo alto de la frágil armazón, y sólo queda entre mis dedos un irónico facsímil.

Y una dulce golosina entre mis labios:

—¡Paulita!

Vibra mi voz tan emocionada, que Paula se estremece. Duda acaso de haber producido esta dulce exclamación; esta inquietud que ahora le prende en las muñecas el ímpetu gozoso del deseo.

A mi voz contesta allá abajo un loco chisporroteo de cohetes. Súbitamente, cruza sobre nosotros una oruga encendida que persigue a un mástil invisible para enroscarse en él.

Sobre el parque se desgajan dos granadas maduras, sembrando de pupilas rojas la terraza del casino. Cada

---

74 *Dovela*: piedra labrada en forma de cuña, para formar arcos o bóvedas.
75 *Belén*: Representación del nacimiento de Cristo hecho con figuras.

junco lleva oculta la llave de una jaula de pájaros de oro y luciérnagas moradas.

En otro bulle un haz de espigas amarillas, y otro crea en la alta sombra un maravilloso océano invertido, con sus marañas de coral, sus escamas de plata y ojos verdes de sirena.

Hay cohetes ebrios que se entregan a una danza epiléptica; cohetes turbulentos que prorrumpen en furibundos cacareos; cohetes anárquicos que esconden la bomba entre un puñado de confetti.

Pasado el estruendo, sube sereno, mudo, un cohete heliógrafo que otea en la negrura estremecida el vuelo de un avión de soñadores. Por seguirlo con los ojos, me olvido del contacto febril de las manos de Paulita, que susurra impaciente:

—¿Le gusta?

—Mucho. Vuelvo a ser niño. Un niño atado a la tierra que quiere a otro más ágil camarada. El cohete es un niño funámbulo que se precipita a corregir la plana del cielo.

Lo digo riendo, mientras oprimo ardientemente las manos de Paulita. El relente[76] engarza en mis nervios una vibración muy semejante al ritmo impetuoso del amor. Paula se refugia en mis brazos, y pronto son uno dos estremecimientos.

Se sienta en mis rodillas, y ya no veo en su rostro —vaga sombra ceniciienta— la línea cruel de la caricatura.

He vuelto a ser niño, entre mis juguetes luminosos, y a tender mis brazos a los niños que no comprenden la ironía, fruto de lamentable madurez. Se borra en mí todo afán de crear ídolos, de fingir máquinas armoniosas donde un poco de materia vibrante hace girar en torno

---

76   *Relente*: humedad que en las noches serenas se nota en la atmósfera.

suyo angustiosas caravanas de deseo. En mi fugaz reinado sobre el paisaje de Aguas Vivas y sobre el mundo entero, me divertirá ya siempre ver a todos mis súbditos ufanarse de ser foco, de esgrimir el cetro, como yo me ufano y lo esgrimo.

Siempre veré en torno mío una muchedumbre de números que se empujan, que se derriban, que trepan unos sobre otros, que se adelantan saltándose las comas, para crecer diez, cien, mil, un millón de veces más que los demás, menos pujantes, menos vigorosos.

Números, espesa muchedumbre de números de la gran lotería, del gran azar. Unidades oscuras que se lanzan a sumergirse en la viva claridad del primer término. Unidades luminosas que dejan pasar, fatigadas, laxas por las prolongadas tensiones, a unidades de refresco. Unidades que vienen, que van, que surgen, que desaparecen en las abarquilladas hojas del gran libro Mayor que la tierra archiva folio a folio en sus entrañas, donde cada folio supone una partida fallida, una cifra olvidada, desvanecida.

Me divierte ver allá abajo, correr, saltar, reír, abrazarse, huirse, sumarse, restarse, multiplicarse, dividirse, 666 obesos de mamás con balanceo de góndolas; 777 esqueléticos de mozuelos que van persiguiendo neciamente su argolla conyugal; 999 encorvados, decrépitos que nunca piensan en liquidar sus vidas ya vacías de sentido; 000 panzudos, adiposos, que desalojan grotescamente las bañeras, los coches, los paseos; 888 jarifos[77] de caderas vírgenes que buscan la mayor cotización; 111 enhiestos, soberbios por la escolta de ceros que les sigue. Unidades cimeras que luchan por desprenderse de la serie, por concentrar en sí mismos, tan enjutos, la total

---

77 *Jarifo*: Vistoso y bien compuesto.

estructura, y, con ella, un vanidoso aislamiento; que inútilmente se afanan por borrar delante y detrás todo guarismo que puede trocarlos en ente de rebaño.

También yo soy un número, el 479. O el 479.000.000, de la enorme, de la indefinida serie total de los seres. Un número que esta noche quiere dejarse arrebatar por el tropel. Ser dócil al empuje del número que me precede, del número 478, o del número 478.999.999.

Ser un ente que goza en borrarse todo gesto individual, dejándose convertida en un pedazo de materia trémula el ardiente contacto del trozo que le precede o que le sigue.

Cerrar los ojos a este golpe de piqueta que amenaza apresurar el desmoronamiento de la carne. Olvidar mi nombre y el nombre y la historia de Paula. Ver en ella, no el rojo estío, ni el rubio otoño, ni la caricatura lamentable de Paulita, ni todas esas cosas inventadas por los definidores de la piel de las cosas.

Que sólo quede de Paula, de todo su pasado, el número 478 + n, como de mí sólo ha quedado el 479 + n, el que nos corresponda en la gran multitud. Sobre todo este mezquino arsenal de vehemencias enmascaradas que se agitan en las Termas, incapaces de romper los livianos fanales de un nombre, de un linaje, de una ley, de una fe, quiero fundir aquí arriba dos sumandos que juntó el azar, ya limpios de su nombre y de sus normas, ciegos, gozosos de encontrarse al fin libres y desnudos.

Aún nos queda un instante para contemplar el mágico dosel de nuestras nupcias. Sube ahora un cohete que escondió en su cucurucho los planos de una maravillosa catedral. Como todos los niños aturdidos, realiza a medias su proyecto. Y comienza a edificar al revés.

Enciende en lo más alto de la bóveda ilusoria un florón de oro y derrama hacia abajo el haz de palmas ojivales, que, al no hallar su capitel, se sumergen, desgajadas, en el lago.

Ya no veo apagarse el rosetón ni hundirse la última palma en el agua negra. Los brazos de mi amiga se anudan a mi cuello, y su boca apaga en mis ojos la imagen del último cohete.

Paula es ya sólo un complemento de mi carne. Mientras se deja penetrar dulcemente, puede tomar el gozoso latido cósmico por el alba de un verdadero amor.

(1925–1926)

II
Petronio

I

El primero en acudir al pie de la terraza es el sol, el segundo es Mr. Brook, el tercero es Julio. El coche aguarda, resignado a la diaria espera.

«Al salir el sol», fue la contraseña; pero los bañistas son gentes de la ciudad que no suelen regir sus actos por signos naturales, sino de artificio. Por el reloj, no por las estrellas. Y nada más arbitrario que un reloj individual para dividir el tiempo.

Brook se adelanta y dice en tono de cómica solemnidad:

—Un día espléndido. El mejor para final de una vida.

—¡Qué ocurrencia!

—No es ocurrencia. Es el anuncio de un suceso. Hoy me suicido. Añadiré una leyenda al copioso fabulario de la Abadía de los Fresnos.

Sus ojos dan frío. Hay una dura firmeza en sus palabras. Dulcifica la voz y pregunta, sonriente:

—¿Y sus amigas?

—Vendrán.

–Voy a tener buenos espectadores.

Paula estará recomponiendo su piel, sus ojos, su boca, para someterse con las máximas defensas al largo examen de una excursión íntima. Estará devolviendo a su tez la suavidad que pierde cada noche, la tersura que pierde cada día. El amor le hace volver los ojos a cada uno de sus poros castigados por el viento, por briznas errantes de arenilla, verdugos de la belleza fatigada.

Paula pide al carmín, desaforadamente, ese suplemento de alegría, de travesura, que le va restando la impertinente redondez de su cara. Conoce por el libro *Secretos de la belleza*[78] el modo de convertir un círculo en un óvalo, y ensaya, infatigable, pinceladas.

De su cara, de todo su cuerpo –que ha soportado veinte años de amor–, quiere alejar el recuerdo de Rubens, mientras suspira frente a la mala copia de un Greco, perpetrada en el Casino. Quiere corregir sus tres dimensiones. Rectificar por la geometría pura lo que desordena el frenético amor.

Ahora se somete a la acción de ese rodillo que nivela armoniosamente superficies y distribuye, implacable, lozanías. Mientras Paulita, que todo lo fía a su extrema juventud, ha terminado ya su atavío y viene seguida de una pareja de la Guardia civil.

La pareja pasa de largo y echa a andar por la carretera. Va a asegurar a todos un viaje libre de sorpresas; distribuye a lo largo del camino a la Abadía unos reflejos del Poder público. Quietud, pleno sol, estampas sencillas del río, del monte, de pescadores, de rebaños. Brook vuelve a decir:

—Un día espléndido para despedirse del mundo.

—¿Va usted a suicidarse, Brook? –dice, riendo, Paulita.

---

78   *Secretos de belleza*: Jarnés puede estar aludiendo a varios libros de la época dedicados al tema. Entre ellos, *Salud y belleza: secretos de higiene y tocador*, de Carmen de Burgos, *Los secretos de la belleza de una parisiense*, de Jacques de Garches, *El libro rosa: Contiene todos los secretos para el realce de la belleza*, de Rosendo E. Bofill Jacas, o *Secretos de belleza química de tocador*, de Luis Palacios Pelletier.

—Exactamente, amiga mía. ¿Y Casanova?

—Era un novio colectivo...

—Como Don Juan.

Por fin, llega Paula, recién salida de su gabinete de reconstitución. Cada mañana se esconde para armonizar, para ensayar armonizaciones de su cara con su espíritu; una cara a punto de desmoronarse, un espíritu vivaz, infatigado. Luchan ambos bajo lápices y cremas: el espíritu en franca rebelión ante la farsa, la carne en franca defensa, palmo a palmo, de su ya poco firme arquitectura.

Cada día acude Paula a alguna posición en peligro. El centinela de una arruga anuncia la presencia del invasor. Cada heraldo trae por botín una cana. Los enemigos se multiplican. La estrategia defensiva es cada vez más complicada.

Porque hay en la mujer hermosa estas dos etapas: ofensiva y defensiva. Paulita actúa en la primera, Paula en la segunda. La belleza tiene sus conservatorios, sus manuales de estrategia. Un buen instituto puede proveer de tres suertes de belleza: una ligera, matinal, para gentes ocupadas que apenas saben ser espectadores. Otra más escrupulosa, para la tarde, para la hora en que las gentes comienzan a olvidar sus negocios y repasan el capítulo de goces: belleza picante, anzuelo, de tránsito. Belleza que enciende y huye de la quema.

Y, por fin, la gran belleza destinada a la noche, largamente contemplada en una mesa, en un palco, en una tertulia; la gran belleza que ha de apuntalar esmeradamente la mujer para hacerla fructífera. Belleza integral, en que ha sido preciso extender la diligencia a todos los territorios del cuerpo, unos visibles, otros entrevisibles; porque nadie puede precaver por dónde ha de acometer la mirada enemiga. Todo contemplador es un terrible enemigo.

Paula sale dispuesta a la contemplación de toda una jornada. Su belleza es ya la gran belleza de la noche. Viene pidiendo «mil perdones». Dócil, sumisa, capaz de cometer un crimen porque se le perdone su lenta restauración. Contrasta con la esquivez de Paulita, en pleno período ofensivo, que malgasta las horas en rodearse de murallas que luego irá ella misma derribando, cuando su belleza, como el Museo del Prado, necesite de un presupuesto de reparaciones.

Por fin, el coche se pone en marcha hacia la Abadía. Brook se sienta frente a Paulita, Julio frente a Paula. En caso de volcar, Paula caería en brazos de Julio, Paulita en los dos de Brook: esta idea que regocija a Paula, conturba a Julio.

—Verán ustedes –dice Brook–: el primer problema que nos plantea la Abadía es el de su propia existencia. El segundo el de su conocimiento. Ni más ni menos que un texto huraño de filosofía.

—¿El de su existencia? –dice Paulita–. ¡Está en todas las guías!

—Precisamente. Está siempre en el Baedeker[79], pero no es seguro que esté en la realidad. Sucede que a la Abadía le pusieron hace tiempo un antifaz cursi, de paisaje frívolo; un antifaz elaborado por hombres también superficiales, poetas falsos, principalmente. Y, por fin, el paisaje, dócil al antifaz, ha hecho de él su verdadera fisonomía. Toda cosa viva es esclava de su semblante.

---

79   *Baedeker*: La editorial alemana Verlag Kal Baedeker fue pionera en el negocio de la publicación de guías de viajes, con los primeros títulos aparecidos a mediados del siglo XIX, y dominó ese mercado durante más de setenta años.

Cuando ya no puede someterla a su intención, lo destruye, al cambiarlo o revocarlo. Hay en mi país un libro en
que un truhán se pone un antifaz de joven candoroso y al
fin convierte su verdadera cara en la de un joven candoroso. La cara obedece al antifaz. Una máscara puede
devenir fisonomía verdadera... Por eso, dudo mucho que
exista la Abadía.

—Existen al menos las ruinas. Lo que dice el
Baedeker.

—¿Son ruinas? No lo creo. En todo caso, han pedido
su sentido, su estructura de verdaderas ruinas. Son ruinas
falsas, es decir ruinas de ruinas.

—¡Qué complicación!–suspira Paula.

—Mire: La naturaleza suele servir para convertir las
ruinas en un ser vivo. Es lo que pone inyecciones
Voronoff[80] a los organismos desgastados, mutilados por el
tiempo. Pero en la Abadía de los Fresnos, estas inyecciones no son de naturaleza sino de mala retórica, cuando no
son de sentido industrial mezquino. Una estancia gótica,
que fue sala capitular, puede convertirse en un tema para
octavas reales, pero nunca debe convertirse en salón de té.

—Eso es romanticismo, amigo Brook.

—Es amor a las verdaderas formas, a las fisonomías
auténticas. Pero, en fin, nos resignaremos a ver antifaces.
Ahí está, ya, la Torre del Homenaje. Y más Guardia civil.

—Van persiguiendo a los novios del poema de
Campoamor, que andan siempre escondiéndose en las
grutas.

---

80 *Voronoff*: Serge (1866-1951), médico ruso nacionalizado francés en 1897,
    cirujano jefe del hospital ruso en Francia durante la primera guerra
    mundial, y jefe de laboratorio de cirugía experimental en el Colegio de
    Francia (1921), adquirió fama por sus teorías sobre rejuvenecimiento
    humano mediante trasplante de órganos animales e inyección de hor-
    monas gonádicas, prácticas que luego se mostraron ineficaces.

2

Al entrar en la Abadía, los viajeros pierden de peso en relación con el volumen de retórica que desalojan. A quien, como a Julio, no le desaloja nada, le sobrecoge la duda de su propia existencia, como si en el baño sintiera de pronto que, al sumergirse, no aumenta un milímetro el nivel del agua. Cada viajero –sin exceptuar Paula y Paulita– provoca en el aire una corona de irisadas pompas metafóricas:

—¡Un edén!

— ¡Un jardín de hadas!

—¡Aquí la vida se desliza como un suspiro!

Julio se limita a decir:

—Estoy en la falsa Edad Media.

Todo lo contrario de deslizarse. Aquí la vida plena se detuvo en el siglo XV. Lo demás han sido profanaciones. El bárbaro llena de bellezas el mundo, al cubrirlo de ruinas. El necio lo empapa de mezquindad, al pretender resucitarlas.

Brook explica a Paula:

—Hay unos hombres extraños que se llaman abaciólogos.

—¿Qué es eso?

—Especialistas en catálogos de abades. Es una pintoresca profesión. Por ellos conozco la historia de estas minas malogradas. Aquí vinieron trece monjes cistercienses en busca de soledad, se instalaron al borde de un precipicio, construyeron sus celdas. En seguida, el monasterio se convirtió en una opulenta abadía, en uno de los más ricos señoríos del Císter. Fueron señores de muchos pueblos vecinos. Poseían calderas de tinte en un pueblo, salinas en otro, viñedos en otro, prados en muchos; ejercían jurisdicción en varios lugares, tenían facultad para poblarlos...

—¡Qué raro en unos monjes!—interrumpe Julio.

—Podían proclamar sus privilegios por los pueblos, a son de timbales y clarines. Sus arcas rebosaban de oro. Prestaban a los mismos reyes, albergaban a los peregrinos...

Mientras Brook explica el verdadero sentido de la sopa conventual, Paulita, malhumorada, desaparece. Se internan en el templo, en un cadáver de templo. En algunas pilastras, quedan restos de estatua ceñuda, que amenazan con los muñones de sus brazos: un segundo martirio, éste sin gloria; en algunas hornacinas se yerguen penosamente vírgenes decapitadas.

—Clark, mi ilustre camarada de la redacción de *The Times*, ha escrito aquí unas palabras amables. Parece ser que en su tiempo la Abadía aún despertaba la atención. Por él, ya hace tiempo, vine aquí; y hoy vuelvo a ella para no salir más. Quiero morir en uno de los parajes más prestigiosos de la Edad Media.

—¡Qué divertido es usted, Brook!

—Hablo seriamente, Paula. Y si atendiesen mis ruegos, pediría que quemasen mis despojos en lo alto de la Torre del Homenaje. Después de todo, eso es lo que en otro tiempo hubieran hecho con un hereje, como yo, en medio de la plaza, y vivo.

Da un poco de miedo oírle entre tanto símbolo de muerte, e intentan huir del templo. Julio se adelanta a la puerta y ve que la han cerrado por fuera. Forcejean los tres, inútilmente.

—Una broma pesada. De Paulita, quizá.

—No se impaciente. Ya acudirán. Vea el ábside. De su traza bizantina, no quedan más que unos pobres residuos. Yo traería aquí un magnífico *jazz-band*, y, a golpes de bombo, haría derruir lo que queda de esta fábrica maltrecha.

Paula se detiene ante un Jesús sin piernas.

—¡Ni a él le perdonó el tiempo! O quizá fue un desalmado.

—Toda la naturaleza, incluso el hombre, conspira contra el arte, Paula. Quiere dominarlo, imponerle su carácter. Éste suele ser el carácter del arte malo. El bueno suele estar elaborado de desdenes, de eliminaciones. Cuando un paisaje se apodera de unas ruinas, las ahoga entre sus brazos, las convierte en pebeteros de nostalgias, encendidos siempre ante una tumba. Las ruinas deprimen. El que pacta con ellas, es ya otra ruina. El arte debe tener como lema: «¡No pactarás!».

—El arte, sí. La vida, no –dice Julio.

—La vida, también. Por eso me suicido.

—¡Bah!

—No quiero asomarme a ver mi propia destrucción. No quiero sobrevivirme. Pasé muchos años elaborando mi propia fisonomía. Fui podando gestos bruscos, contracciones faciales impertinentes, curvas desmesuradas de ademanes. Fui podando lo espontáneo, reduciéndolo a normas. Cuando todo el edificio estuvo alzado, cuando mi carne quedó ya sometida a la razón, viene de nuevo lo espontáneo a vengarse, a tomar su desquite. Comienzo a ser viejo. El ímpetu vital decide de pronto comenzar a echar abajo el edificio. Es imposible sostenerlo. Es ridículo –lo dice a mi oído, mientras Paula contempla, algo lejos, un San Juan partido en dos–, ridículo y desesperado, someterlo a penosas restauraciones. La línea llegó a su máximo nivel, y es imposible mantenerla en ese punto. Iniciado el descenso, le destruyo.

—¿Quiere usted resolver la vida como un problema geométrico?

—Quiero evitarme espectáculos desagradables. Ante todo, el espectáculo de mi propia ruina.

—Bello problema... para resolverlo en las aulas, no sobre el terreno. En el escenario, no en la vida.

—Que es otro escenario. Fui cultivando una máscara. Esta angustia de no poder detener el tiempo, la eterna variación que sacrifica unos seres para construir con sus cenizas nuevas cunas. Este implacable sacrificio del individuo me aterra. Quiero adelantarme. Soy libre.

—La libertad es una broma pesada de los dioses.

—Quiero seguir la broma. Esa libertad es mi única riqueza. Y aun esa pobre riqueza quieren arrebatármela leyes cobardes, escritas para cobardes.

La razón es la gran aniquiladora. Ha cultivado Brook con exceso la razón. Se ha destruido. Le atrajo todo y todo le fue repeliendo. Llega a las cosas, y tiene la desgracia de verles al punto la medula. En las mujeres, mide rápidamente su alejamiento de las dimensiones clásicas; en los hombres ve en seguida sus deseos mal saciados –fuente de toda su amargura–; en el arte, los andamios, los rellenos, el montaje. Agudeza de espíritu, perenne tortura.

—Vamos a llamar. Hay que ver la Abadía.

—¿Nos mostrará usted el esqueleto del paisaje, o la piel? Porque es usted capaz, amigo Brook, de reducir las cascadas a una fórmula algebraica; los cerros a algún nombre insoportable...

—¿No quiere usted que lamente ver tantos saltos de agua perdidos para la ciencia y para el arte?

—¿También para el arte?

—También para el arte. Les falta patetismo. Que el agua se despeñe desde una altura de cuarenta metros, no puede producirnos sino una sensación de humedad en el aire.

—¿Y ese delicioso momento de incertidumbre en que el agua no se decide a convertirse en vapor, y se mantiene en polvo luminoso?

—El agua se obstina en repetir una ingenua marquetería, que haría reír a cualquier encajera de Malinas[81]. Pero no tema: voy a prescindir hoy de esqueletos. Es mi último día, y quiero –como Petronio– cubrirlo todo de rosas[82].

—Intentaremos abrir esta puerta...

Al forcejear de nuevo, estalla al otro lado un surtidor de júbilo. Paulita abre de pronto, irrumpe en el templo su alegría desaforada. Paula intenta reñirle.

—Le felicito –dice Brook–. Ha tenido una idea magnífica. Así nos hemos preparado un poco, entre estas ruinas, para intimar con ellas, para saber convertirnos en ellas: ciencia difícil.

Paula mira azorada a Brook. Brook, sonriente, añade:

---

81 *Malinas*: Ciudad de Flandes (Bélgica) famosa por sus encajes.

82 *Petronio*: Tito Petronio Arbitro (circa. 27-66 d.C.), fue un escritor y político romano que, al ser descubierto por el emperador Nerón como partícipe en una conspiración contra él, decidió quitarse la vida dejándose desangrar hasta morir mientras recitaba versos ligeros a un grupo de amigos. Se le supone autor de la novela satírica *El Satiricón*.

—Por fortuna, aquí sólo yo soy el alumno. Ustedes pueden retrasar aún mucho tiempo ese modesto aprendizaje. Ahora recorremos un costado del paisaje. Al atardecer, el otro. Situaremos en medio el almuerzo, que se celebrará en la sala capitular de la Abadía. El arte ojival imprimirá un tono grave al almuerzo... Y ahora nos esperan todas las filigranas del río. El espíritu del paisaje aventura algunas monótonas piruetas sobre su rostro en quiebra, sobre su carne en escombros –dice alegremente Brook–. Pero yo voy a desplegar sobre sus muecas todos los terciopelos recamados de la leyenda. Profesor, inútil profesor: ¡Se acabó la razón! Paso franco a la audaz fantasía... ¿Qué desea usted?

—Yo, señor –dice tímidamente un joven uniformado– soy el guía...

—Magnífico. Aquí tenemos un Baedeker vivo, muy bien encuadernado, que no debemos abrir. Síganos usted. Bien venido el Texto Oficial, pero está prohibido abrirlo. Nos diría demasiadas cosas verdaderas.

Precisamente la acumulación de anécdotas ha ahogado la real esencia poética de la Abadía. Es una Abadía donde ocurrieron demasiados acontecimientos. Centro de la vida del país, lo material ahogó el espíritu. Daba fórmulas para sembrar en la tierra, pero no en la fantasía. Los abades proclamaban sus privilegios al son de un tambor, y el tambor apagó toda inquietud inteligente que alguna vez pudo asomar entre estos muros. Ni un santo ni un poeta ha producido la Abadía. ¿Para qué, pues, conservarla? Ése fue su deber, el producirlos, que no cumplió durante muchos siglos. Una sopa repartida a los mendigos no justifica la reunión de tantos hombres estériles. «Se entregaban a la oración...». Pero eso no mejoró las costumbres, ni aquí ni en otra parte. Hoy, como entonces, el novio cerril asesina a la novia que miró a otro hombre. Hoy, como ayer, el labriego asesina al vecino por un palmo de tierra. Acaparaban el poder material, siguiendo el ejemplo de sus antecesores. Educaban al pueblo en el sentido de obediencia al educador. Al pobre le inculcaban que su pobreza era la mejor riqueza, y al rico le decían que su riqueza era uno de tantos caminos para llegar a Dios. Y el miedo al infierno iba acumulando tesoros en las arcas abaciales. La Abadía difundía ese terror, y los señores compraban su derecho a ser eternamente felices. El abad le vendía indulgencias, como truchas. ¿No es cierto, señor Texto Oficial?

El guía sonríe, servilmente. Paula insinúa:

—No nos escandalizamos, porque ya sabemos que usted no profesa nuestra santa religión. En usted eso es natural.

—Admirable. Vamos a ver las cascadas. Ésta se llama...

—*La Caprichosa*.

—No, señor Baedeker. *La tela de Araña*. Vean esos hilos delgadísimos de agua. Los monjes venían aquí todas las tardes para considerar ante el agua la fragilidad de la vida. Cuando hallaban roto alguno de los hilos –por caer una rama o una piedra– ya podía asegurarse que moriría al punto uno de los monjes. Para ellos, el leve tejido representaba la comunidad. Red cristalina, quebradiza como una voluntad de mujer.

—Gracias, Brook –dice Paulita.

—Esta es *El manto de Elías*. Como ven, tiene la forma de una capa extendida. Cuando Elías subió con Enoch al lugar donde espera la resurrección de los muertos, arrojó la capa a tierra[83]. Voló hasta llegar aquí y se convirtió en una cascada. Ni Elías ni la capa podían morir. La capa sigue viviendo entre las rocas, Elías entre las nubes, de las que –corno Azorín– estuvo siempre enamorado. Y la misma cascada, de vez en cuando, sube hasta Elías convertida en nube. Esta es *La Mariposa*. Un ruiseñor –Satán– perturbaba todas las noches la soledad de un monje. Un día, acosado el infeliz por una voluptuosa tentación, se arrojó por la ventana, detrás del ruiseñor, con las disciplinas en la mano. El monje no cayó. Siguió, volando, al tentador, hasta llegar a este lugar donde el pájaro enmudeció para siempre, convirtiéndose en una enorme mariposa. El monje cayó de rodillas al borde de las alas, que se hicieron de cristal. El ruiseñor no volvió a acosar al monje. Hoy *La Mariposa* es la cascada más sedante del espíritu. Acaricia como una mano de niño. Se sale de ella sin sombra de inquietud. Fino tónico espiritual...

—Sí, sí. Pues, cúrese usted aquí –interrumpo.

—*La Mariposa* no puede curar a su inventor. El médico no debe tomar sus medicinas. Esta se llama *El Violín*. ¡Maravillosa leyenda! Un juglar, bajo los muros del convento, ejecuta en su violín un aria de amor. Estamos en el siglo XIV. Se repite el caso del ruiseñor, pero ahora la tentación es colectiva. Al oír al juglar, todos los monjes padecen ataques eróticos furiosos. Pero la dulzura de los arpegios es tal, que les va enervando poco a poco y nadie, ni el abad, se decide a alejar el incitante violín. Cuarenta deseos se encienden a un tiempo al percibir el roce del arco. Sólo algunos ancianos se conservaron puros, porque eran sordos. Por fin, un novicio, en pleno

---

83   *Elías y Enoch*: Según el texto apócrifo *Apocalipsis de Elías*, el profeta Elías luchó junto a Henoc contra «el hijo de la iniquidad» que acaba matándolos, aunque luego resucitan.

estado de candor, rompe el hechizo. En él sólo produce el tañido un ansia mística. Sale del convento, corre tras el juglar que escapa, temiendo alguna treta; le empuja hacia el río y, al llegar a este mismo paraje, el juglar se vuelve hacia el novicio, se desnuda rápidamente y deja ver una maravillosa carne de mujer. El novicio corre a abrazarla, creyéndole un serafín, y caen juntos al agua. El novicio y Satán desaparecen y el violín se convierte en esta cascada de cinco cuerdas de cristal. El convento queda así libre de una tentación, a costa del sacrificio del monje candoroso que corrió tras una voz celeste, ignorante de toda terrena voluptuosidad.

—¡Pobre muchacho! –exclama Paulita.

El guía sonríe, socarrón. Sabe que la cascada no tiene leyenda, que su nombre nada tiene que ver con violines ni arpas. Pero se mantiene adherido al grupo, como el empedernido historiador en un concilio de poetas. El guía sonríe, porque posee una verdad; los demás se conmueven, porque poseen otra.

—Esta cascada se llama *El Velo de Sor Andrea*. Tiene la forma de un velo desgarrado. Lo trajo a la Abadía un monje que, en el siglo, y en la noche de sus bodas, pretendió comprobar que su esposa había ya frecuentado otro lecho. No mató a la novia, prefirió ocultar su fracaso en la Abadía. Y aquel velo, que en el momento culminante de su pena hizo jirones, lo trajo aquí como una perenne tortura. Cuando le preguntaban, decía –por orden del abad– que era el velo de Sor Andrea, hermana suya, muerta en olor de santidad. El monje apacentaba aquí mismo un rebaño de la comunidad; guardaba hortalizas. Al morir, el velo le arrastró hacia el agua, se extendió sobre ella, él quiso seguirlo y fue a hundirse en el abismo. El alma del monje se condenó por desconfiada, porque más tarde se averiguó la verdad acerca de la virginidad de la novia. Se trataba de una excepcional conformación orgánica. El honor está sujeto a esta clase de sorpresas.

—Y esta gruta, ¿cómo se llama?

—*Altisidora*. Es una leyenda muy moderna. Una cupletista, enamorada de un tenor delgadísimo, le puso el nombre. Llamaban *Don Quijote* al tenor, y, también, *El Caballero Alambre*. Ella vino aquí un verano y se lo pasó metida en esa gruta, hojeando un álbum de fotografías del tenor, recortadas de los periódicos ilustrados. Se temió por su salud; aunque, por fin, la curó un chileno que le ofreció su mano y su cartera. *El Caballero Alambre* llegó una noche a la Abadía y, conmovido al escuchar la historia, cantó una romanza con acompañamiento de piano, en honor de la amada. Yo le pasé las hojas. Se aficionó a la gruta, y, para librarlo de ella, hubo que apelar a un rápido contrato para Chile, donde nunca halló a la cupletista...

—Eso no es leyenda, es un chisme.

—Contaré una auténtica, del siglo XIII. Es la leyenda de esta gruta, llamada de *Las Nueve Musas*. Un monje poeta se refugiaba aquí para urdir sus estrofas. Se cuenta que le visitaban las musas. Comenzó por venir una sola, la Poesía; pero a ésta no tardaron en acompañar la Música y la Danza, y, por fin, las nueve. Una noche comenzaron a bailar frente a la gruta, cogidas de las manos; pero fueron sorprendidas por un lego que corrió a atraparlas. Volaron alegremente, dejándose en el césped el coturno, el arpa, todos los atributos. El lego siguió espiando, y una noche, cuando más descuidadas estaban y los versos del poeta fluían deliciosamente, al compás del baile, el lego sorprendió en Clío los rasgos de su hermana. Se acercó, astuto, y la atrapó. Medio desnuda, fue llevada al abad y luego a la Inquisición, donde confesó la verdad: no era Clío, era Juanita Pérez. Se hizo una revisión de muchachas en los pueblos vecinos, y fueron apareciendo las musas. El poeta, llorando, afirmó que nunca vio en sus inspiradoras carne y sangre, sino aire cuajado. Las veía hechas de pluma, de nieve y de nácares. Nadie le creyó, y se le impuso un ayuno a pan y agua por diez años. Murió en seguida, consumido por las visiones desvanecidas. Fue enterrado en esta gruta. Vean la inscripción: «Fray Alberto Pérez. Murió asesinado por las Nueve Musas. Año del Señor...»

—Ahí no se ve nada.

—Se habrá borrado. Se conserva de él un poema heroico que comienza: «Fulgía el sol en las remotas cumbres...».

—¿Y las otras musas?

—Nada se supo de ellas. Juanita se metió en un convento, y después declaró que nunca había venido a bailar, ni conocía a las otras ocho. Parece ser que fue una broma de las auténticas musas. Sin duda aprovecharon la coyuntura de ir Juanita a recoger las sobras de la comida de los monjes, y Clío, al huir, le dejó su breve traje. Juanita temió que la martirizaran, y confesó lo que quisieron. Así se solía escribir la historia, en la Edad Media.

3

—Dejemos descansar a nuestras amigas, y apuremos hasta las heces, usted la tarde y yo la vida. Venga, Julio.

Julio se deja llevar por una vereda resbaladiza, intrincada, casi en brazos de Brook.

—Cuide con la acequia. Es muy profunda.

—¿Adónde vamos?

—A lo más desnudo de nuestra vida. Esta gruta es ancha, llena de galerías. Sólo su umbral es angosto, y el camino. Yo le recorrí hace veintidós años. De mi brazo se colgaba entonces Paulita.

—¿Paulita?

—La que ahora es Paula. Casi una adolescente. Acababa de casarse con la firma «Moisés Rodríguez. Almacén de Abonos». Yo traje a la firma unas formulas y al hogar una pasión de recambio. Fórmulas para los abonos y para el amor. Creo que originales, porque Paulita y Moisés se enamoraron de ellas. Renové toda su vida comercial y doméstica... Paulita era encantadora... Usted lo sabe. Eran, son, serán una misma.

Julio inclina la cabeza, desconcertado. Intenta hablar. Tres o cuatro palabras asoman una sílaba, vuelven a sumírsele en la boca. Otra sílaba aparece, más resuelta... Por fin, se engulle todas las frases; le vuelven en tropel al pecho, produciendo una vaga espuma en los bordes de un hondo, de un largo silencio.

—No se alarme. Voy a dosificar la confesión. Nos desnudaremos lentamente, mientras recorremos la gruta. En esa galería se abre un boquete que conduce a un subterráneo. Los malos ángeles custodios de la Abadía, todos los ángeles inútiles que quedaban sin plaza por haber desempeñado torpemente alguna faena policíaca, se convertían en brujos que celebraban aquí sus reuniones. Al anochecer, se desparramaban por las celdas y sostenían luchas furibundas con los sustitutos. Estas luchas de ángeles custodios son terribles. Porque el ángel se aburre mucho en el cielo, y cuando le colocan en la tierra presume que va a divertirse en grande. Si quedan sin plaza, refunfuñan, prefieren quedarse aquí, al cuidado de otro hombre. No se les concede: son muchos los opositores... El ángel de Petronio anduvo rodando por el mundo durante unos siglos: de uno de los Petronios, porque parece que hay una docena. Creo que al nacer yo, logró colocarse. Hay riñas frecuentes por convertirse en amas secas de algún espíritu original, recién creado. Cuando nació Napoleón, se disputaron la plaza unos dos mil...

Julio va recobrando la serenidad. Sonríe. Extrae de su memoria un poco de erudición.

—Sí; Anatole France[84] conoció un grupo de esos ángeles que divagaba por París.

—Pero los hace anarquistas. ¿Por qué? No tienen ideas tan simples, ni tan ardientes. Las ideas del anarquista apenas son células de ideas. Las prefieren intactas, limpias de toda concreción, desvitalizadas; no sirven. Y los ángeles custodios que han rodado mucho por la tierra,

---

84   *Anatole France*: Seudónimo del escritor francés Anatole François Thibault (1844-1924), ganador del Premio Nobel de Literatura en 1921.

conocen ya la inutilidad maravillosa de esas células. Crea, amigo Julio, que los brujos de la Abadía —ex ángeles ya curtidos— nunca fueron anarquistas. Prefirieron ser juglares, es decir, farsantes. Ellos han inventado estas docenas de leyendas que yo he recogido en mis apuntes, de los que le nombro heredero. Ya forman parte de mi espíritu.

—No comprendo.

—Te nombro heredero de mi espíritu, puesto que te has enamorado de él al ver su reflejo en los ojos de Paulita.

La voz de Brook tiembla ligeramente. Continúa:

—Veo en ti claramente toda la diferencia que va de un erótico a un sexual. Un sabio de estos tiempos me lo ha dicho: «En un principio, la raíz de la erótica es el entusiasmo por la belleza, la gracia o la fuerza del cuerpo ajeno. No es meramente el cuerpo, por ejemplo, la frescura del color o el sesgo de las líneas, sino el *cuerpo visto como expresión de un alma*. Es la forma del alma la que hace hermoso al cuerpo, al brillar a su través». He aquí la razón de tu fracaso; haberte enamorado de la forma de un alma. Pusiste frente a frente dos espíritus. Quisiste intercambiar un espíritu, como se intercambia un beso. Táctica infantil. No se trata de dos juguetes. Ni Paulita conoce apenas su propio espíritu; tomarlo como blanco, es perder municiones en balde. A una y a otra Paulita se va por los caminos triviales, como yo fui. Sólo viste de Paulita lo que ella misma no conoce. Me viste a mí.

—¿Cómo?

—Viste a otro hombre. El verdadero erótico persigue lo semejante, mientras el sexual persigue lo diferente. El hombre atacado de puro amor prefiere al hombre, lo que de hombre hay en toda mujer. Y éste no es el camino de conquistar el resto, es decir, lo que de mujer hay en la mujer. Operar con sólo el espíritu, cuando se pretende tomar por asalto un cuerpo apetecible, es perder la batalla. Como tú la has perdido. Por detenerte a contemplar lo más firme, deseando gozar de lo más quebradizo. Hoy, lo diferente —ese fragmento delicioso del mundo que es la carne juvenil de Paulita—, se te fue de entre las manos.

Sonríe paternalmente.

—A mí no se me fue. Porque sólo perseguí en ella su seductora fragilidad. Aquí fue, en este poyo... Algo desmoronado lo encuentro; habrán pasado por él otros amores. Muchos prefieren esta actitud sedente... Y no faltan subclases: unos prefieren la gruta; otros, como tú, la cumbre.

Julio, sonrojado, balbucea unas palabras sin sentido.

—La cumbre es buena para depurar, para exaltar lo que en el amor puede haber de más humilde. La fusión de dos espíritus se trueca en un sublime apetito común de altura; vagamente, como todo lo que no se decide —o no se atreve— a desnudarse, a revelar su enjuto perfil: de la carne o del pensamiento... No te sonroje la aventura. Os he visto, como he visto cuanto ha ocurrido estos días. Llegaste, y al momento fuiste atraído por mí. O mejor, por ti mismo. Por un hombre, en suma. Creíste que ese espíritu se te entregaría con una inteligente y adorable coquetería, como tú sueñas el amor, con la gracia que tú presumiste en Paulita: una gracia que no es suya... Ya ves, todo quedó en poseer una envoltura. Una envoltura dócil. Las serpientes cambian de piel. Te retrasaste un poco, y tropezaste con una epidermis anterior de Paulita. ¿Qué más te da? Entre una y otra apenas median unos años. Y un comienzo de desmoronamiento tiene también sus encantos.

—¡Brook!

—Te hablo crudamente, porque eres tú mismo quien se habla. Déjame desnudarte, puesto que ahora estás completamente solo. Todo lo que nos rodea son seres intermedios, banales; campesinos, monjes, cronistas, pajecillos del cuatrocientos que nos hablan en un idioma desconocido, que no pueden comprender el nuestro. ¿Nos conocemos ya nosotros? Creo que sí. Algo nos es también desconocido: Paula. ¿Dónde la encontró la firma «Moisés Rodríguez. Almacén de Abonos»? ¿Es producto mixto, de algún tendero cruzado con neurótica? Paula es esa primera materia dúctil, movediza, donde fue posible ensayarlo todo. Hasta una novela. Legó a Paulita su belleza sin legarle toda su trivialidad. Desconocemos los orígenes de Paula; conocemos solamente su encantadora sumisión a las fuerzas ciegas que rigieron su vida, cuyos representantes hemos sido —quisiera no equivocarme en el número exacto de fuerzas— tú y yo. Es decir, tú sólo, porque de mí apenas queda ya una sombra. Mi amor fue retrocediendo lentamente hasta quedar convertido en bruma. Como yo no puedo ser héroe, tampoco quiero ser espectador y cronista. Hoy desaparezco. Aquí te quedan estas ruinas. Quizá se perfilen con más brío ante la brecha negra de mi huida. Volverás aquí, a esta gruta, dentro de veinte años, fatigado de una y otra Paula, como yo vine. También el espíritu fatiga, como fatiga el cuerpo... Quiero hacerte una advertencia.

—Di.

—Cuida de Casanova. Es un novio colectivo, como dice Paulita, pero en cualquier momento volverá a parecerle individual. Había en el quiosco del parque un ejemplar de las *Memorias* y de él arranca todo tu fracaso. Porque él operó siempre —es muy astuto— por diferencias. Y por estratagemas. Paulita volverá cualquier día a tropezarse con otro ejemplar. No todos son como el empleado sentimental de las Termas, tan lleno de cautelas, tan temeroso de apretar la red. Al fin, un Casanova burocrático. Y Paulita debe ser avara de afectos y admiraciones —es una joven de estos tiempos—. Sólo debe entregarse a los grandes banqueros del espíritu, de la simpatía. Lo demás es malograrse en manos de usureros, de mendigos. ¡Cuida de ella!

—¿Y Paula?

—Aún funciona normalmente su mecanismo interior. Sus pulmones están intactos; su cerebro, su corazón, todas sus válvulas se mueven con regularidad; todo dentro de ella es aún joven. Una operación reproductora se realizará en su regazo con todas las seguridades de éxito. Con todo el goce. Cuando la noche estilice todos los perfiles y borre o mitigue parte de la cruda realidad, el cuerpo disciplinado de Paula, sometido a buen régimen, aún podrá abrirse como un fruto en plena madurez... Pero no esperes a verlo desprenderse y caer. No asistas a ese espectáculo. Ni al de tu propia caída. Cuando vuelvas aquí, dentro de muchos años, no olvides el revólver.

Julio mira azorado a Brook. Retrocede. Cree ver en él a Mefistófeles. Brook sonríe, oprime cordialmente el brazo del atónito camarada.

—No te asustes. Vámonos ya. Por el camino te contaré la leyenda de *La tumba de los tres novicios*. Mira esa gruta. Ahí están enterrados, desde 1397. Una noche llamaron a la puerta del Monasterio. Eran tres jóvenes que habían equivocado el camino al volver de una aventura y se habían perdido por el monte. El abad los acogió, les señaló tres celdas vacantes para que durmiesen. A medianoche, los tres jóvenes salieron al claustro dando gritos: el demonio se había reído ferozmente de ellos; sentían un terrible pánico de su propia soledad. Entonces el abad los repartió por tres celdas de otros tantos ancianos; pero, poco después, los donceles salían de nuevo al claustro temblando de miedo, pidiendo socorro: los tres ancianos habían esgrimido unas disciplinas, y, después de haberse ellos azotado, pretendían que los jóvenes se ejercitasen –desnudos –en el mismo saludable deporte. Y ya habían comenzado a dejarles en el somero traje de penitencia. Los tres donceles corrieron despavoridos por la Abadía, a medio vestir.

—¿Querrían hacer un santo de cada huésped?

—No es posible conocer la versión exacta de ese comienzo de desnudez. Lo cierto es que el abad los repartió por las celdas de tres novicios de conducta ejemplar, a los que se ordenó permanecer en las celdas hasta que despertasen los donceles. Así se verificó, con alegría de los huéspedes. Pero, al salir el sol, se oyó en cada celda un gran estrépito, gritos, forcejeos. Se abrieron las puertas... ¡Un espectáculo aterrador! Los novicios, llenos de santo celo por su santidad amenazada, ante la imposibilidad de resistir el ataque enemigo, se habían clavado en el pecho una daga. Porque los donceles eran tres hijas bellísimas de otros tantos caballeros del contorno que se habían disfrazado –instigadas por el Demonio– para pervertir el convento. El abad las halló desnudas, aterradas. La broma había ido muy lejos. Los novicios se habían suicidado con las mismas dagas de las tres tentadoras...

Enterraron a los novicios en la gruta. Las doncellas –porque parece que aún lo eran, a pesar de su excesivo afán de no serlo– fueron devueltas en un coche a los tres señores, que llenos de pena las andaban buscando. Se les impuso a las doncellas la penitencia de ayunar a pan y agua durante el adviento, por espacio de tres años. Se llamaban Rosaura, Aldonza y Carmela. Parece que los padres habían preparado la aventura, porque tenían interés en desacreditar el régimen de la Abadía. Las tres doncellas fueron instrumentos de una maniobra política. Y los novicios, las víctimas. La Abadía creció en prestigio. Tres mártires, tres testimonios de una santidad garantizada... Sin mártires no hay fe posible. Y hubo un tiempo en que todos creyeron en la Abadía. Su fama tenía dos alas: el arte, la santidad. Tuvo artífices y mártires. Ahí tienes *La Celda de Fray Mercurio*. Es una gruta pequeña donde vivía un monje que tenía alas en los pies. Provocaba tales disturbios este magnífico privilegio del hermano, que decidieron encerrarlo en esa gruta, para que en ella, día y noche, se dedicase a la oración y al libre vuelo. Cuentan que era un espectáculo conmovedor verle subir y bajar por el aire, con los brazos en cruz. Un bibliotecario –que había leído a Voltaire– le comenzó a llamar fray Mercurio. Pero se llamaba fray Paulino. Todos los monjes pretendían obtener la gracia de volar. El abad no podía contener el desenfreno de los jóvenes, que se arrancaban jirones de carne con las disciplinas para conseguir también alas como las de fray Mercurio... El abad creyó siempre en un maleficio. Cuando fray Mercurio murió, alguien notó un olor a azufre... ¡Quién sabe! Lo cierto es que exorcizaron la gruta. Y la tapiaron.

—¿Quién la abrió?

—Mendizábal[85]. Entonces se echaron a volar todos los valores místicos —es decir, dudosos— de la Abadía. Fueron convertidos en valores prácticos, en lo que el siglo XIX llamó valores «positivos».

—Sí, por cada gruta unos céntimos más. Por cada monje, un camarero. Se han cotizado las leyendas y los capiteles. Fray Mercurio se ha convertido en un *maître d'hôtel* siempre solícito, agilísimo, complaciente. No faltan ni Rosaura, Aldonza y Carmela. Creo que vienen tres artistas a bailar en el teatrillo.

—Te aconsejo que, cuando recluten sus novicios, procures eliminarte. También llegarías a ser mártir, y de una fe muy dudosa. El llamarlas artistas es ya un comienzo de fe.

—Son de cartel.

—Aquí no suelen venir más que ruinas. La administración tiene un claro sentido del equilibrio: todo está aquí armonizado. Excepto *La Cola de Babieca*[86], tan desaforada.

—¿Vendría aquí el Cid? Dicen que no ha existido.

—Parece que existió y que recorrió estos lugares; pero antes de fundarse la Abadía. Por eso no firmó en el álbum. Es un precioso autógrafo que falta, entre tantos que sobran.

Entran en la sala capitular, donde un camarero dormita en una mecedora. Asustado, tartajea:

—Las señoritas salieron con el guía.

—¡Corramos, corramos a salvarlas del Texto

---

85 *Mendizábal*: Alusión a la desamortización llevada a cabo en 1836 por Juan Álvarez Mendizábal (1790-1853), ministro de la regente María Cristina de Borbón, por la cual se expropiaron terrenos al clero regular para subastarlas entre posibles compradores de la burguesía.

86 *Babieca*: nombre del caballo de Rodrigo Díaz de Vivar (c. 1048-1099), conocido como *El Cid*, quien pasó los años entre 1081 y 1086 por tierras aragonesas.

Oficial!—dice Brook–. ¡Corramos a salvarlas de ese pobre Casanova de la erudición, amigo Julio!

4

Siguen brotando leyendas, serpentinas rojas, de la boca del gran ilusionista. Por un rico muestrario de musgos –terciopelo verde de todos los matices y precios– van y vienen, retozones, clavileños de cristal, novicios perseguidos por ondinas, trovadores perseguidos por silenos. Se puebla la Abadía, al conjuro de Brook, de fantasmas risueños. El agua finge preciosas músicas de cámara. No conocían sino el tormento de la gota de agua; ahora conocen sus prodigios. Siempre lenta, la gota de agua horada pensamientos o construye imágenes. Monótona siempre, taladra una razón o esculpe una metáfora.

Aquí el agua, sobre todas las ruinas, va recorriendo su catálogo de primores. Hábil comediante, sabe llorar en *Niobe* –cascada sin leyenda, porque de tan bella, merece no recordar sino el grupo de mármol armonioso–; sabe quejarse dulcemente en *El látigo de Venus–*, ruge en *Las perlas del Caid;* brinca y se burla en *Diana,* jugando entre los troncos de almeces. Brook no cesa de subrayar juegos deliciosos de sombras.

—Vean aquí cómo fracasan las teorías de esa eterna luz que se promete a los justos. Una luz implacable, sin nubes, sería como un largo paisaje sin túneles, sin hinchados cerros, visto desde un tren interminable. Cuando la sombra comienza, se hace la luz, se ve la luz. Tan buenas amigas son, que desunirlas, es asesinarlas. Son tan apasionadas amantes, que de su amor ha nacido un arte nuevo: el cine. La luz es como el agua. Sólo es espíritu, sólo crea, cuando lucha. Con la sombra, con la piedra, Amor es siempre escaramuza...

—¡Leyendas, vengan leyendas!–interrumpe Julio.

—Van siendo ya muchas; le lego manuscritas las restantes. Antes de morir, le daré algunos apuntes. Pueden servirle de poco: son la historia de algunos desniveles del espíritu, y usted, señor topógrafo, prefiere conocer los del terreno.

—¡Leyendas, leyendas!–dice Paulita.

—¡Silencio!–replica Brook–. Acabo de ver los novios del poema. Miren. Se han escondido en lo hondo de una gruta. Ahora comienzan a arrullarse en heptasílabos. Es la gruta del tigre, no la de Campoamor. Antes había en el umbral un tigre disecado que asustaba a los viajeros. Pero una tarde, un marido indignado encontró en esa gruta ocasión de desarrollar un tema hipercalderoniano. Lo desarrolló a tiros. Y dio un puntapié al pobre tigre que ya no pudo seguir la farsa. El marido salió dando gritos; hubo que amarrarlo y llevarlo a una clínica... Dentro hallaron dos cadáveres.

—¿La mujer y el amigo?

—No. La amiga y la mujer.

—¡Brook! ¡Que nos oye el Baedeker!

—¡Bah, no es leyenda oficial! Vean esta gruta. Se llama *La Gruta de Cardenio*[87], porque en ella escribió su poema en tres cantos un poeta maltrecho. Vean qué primorosa labor de orfebrería. Pero no está acabada, porque

---

87 *Cardenio*: personaje de la primera parte de *El Quijote*. Don Quijote y Sancho encuentran en las montañas de Sierra Morena una bolsa de oro y un poema que pertenecen a Cardenio, un joven que vive en las montañas y que les cuenta sus desventuras con una joven llamada Lucinda.

el agua se cansó de rezumar. Es un caso muy expresivo de cansancio. De pronto el agua, como un artista holgazán, decide no acabar el techo. Cosas del espíritu. Sólo el espíritu suele fatigarse así.

Paula y Paulita se sientan a descansar en la gruta de Cardenio. Brook sigue paseando con Julio.

—Claro es —continúa— que se trata, no de una obra de creación, sino de sedimentación. De paciencia, no de vivacidad. Como la montaña de Barrès[88], esta pobre orfebrería está construida a la manera de una mente de erudito. Por agregación. El agua lleva cal y va dejándola en el camino.

—Pero el camino es primoroso.

—Repite lamentablemente sus gestos. Y en la época de Oscar Wilde repitió torpemente los del arte. Mira, por ejemplo, el dintel de esa gruta. Quiere imitar una puerta ojival. Esa estalagmita pretende ser una columna... ¡Pobres espíritus! ¡Pobres de nosotros!

—¿Cómo?

—Hablo del mío. Pretende ser actual y hoy va a repetir una escena ya gastada. Aunque intente eliminar otras, más ridículas... Óyeme. Un día, aún muy joven, entré en un cabaret donde me sorprendió la presencia de mi padre. Estábamos los dos en París. El lance era nimio, pero nunca se me ha borrado. Mi padre, sexagenario ya, abrazado a dos muchachas, me produjo una impresión tan triste que juré no repetir yo la escena. Su cuerpo en ruinas, que intentaba reavivar con bengalas, me dio la lección ms profunda que padre alguno haya podido dar a un hijo. No quiero lanzar mi rostro a un cuadro así.

---

88   *Barrès*: Maurice Barrès (1862-1923), escritor conservador francés. En 1913 publicó la novela *La colina sagrada*, que explica la historia de tres monjes que convierten en un lugar sagrado la montaña de Saxon-Sion, en la región de la Alsacia-Lorena.

—Suprima los espejos.

—Está decidido. Se me parecía a mí, como se parecen todas las grutas. Él prefirió alargar su vida, deformándola, arrastrándola por los lupanares, por los mercados de ideas usadas. Era un viejo *avanzado,* por la noche, y conservador durante el día. Nada le reprocho. Me limito a discrepar.

Se pierden entre los fresnos, entre cambroneras y parras bravías. Brook avanza más jovial, se detiene en el brocal de un pozo.

—He aquí la verdad. Mírala.

—No veo más que un pez.

—Es de plata. Resbaladizo y tornasolado. Nadie pudo atraparlo. Yo lo atraparé esta noche.

—Es usted ingenioso, Brook. Quiere asustarnos como ese toro que aparece en los cuadros de las meriendas. Y perdone lo absurdo del símil.

—No quiero asustar, sino hacerles ver con más intensidad los cotizados primores de esta Abadía. El placer es nada, si prescinde de ese fondo negro: la muerte. Éste es el error de vuestros dogmas: creer que el goce puede ser eterno. Que puede ser más vivo por estar asegurado contra el tedio. El único deleite inédito sólo podría gustarse si nos naciese un nuevo sentido, un nuevo aparato de percepción. O se nos agudizara algún sentido viejo, como a Merlín, el de esta gruta donde vamos a sentarnos. Se llama *La Oreja de Merlín*, por su forma que ahí se ve. Cuentan que por ella oyó Merlín todos los secretos del viento y del agua. Después los transportaba al corazón de la tierra donde esperaba el hada Viviana, la gran seductora, para convertirlos en leyendas, en mitos. Le hablaré de Viviana en mis apuntes. Merlín halló el verdadero placer

en esto: en hallar para su inteligencia una poderosa ante-
na. Como Viviana lo halló en adquirir cada día más des-
treza para manipular con los rumores que Merlín le iba
acarreando. Hacía de ellos un verso o una curva.

5

—¡El poeta! ¡El poeta!

—Hay siempre alguno en la Abadía –apunta el guía–. Después, escribe en el álbum.

La voz de Paulita reúne a los viajeros cerca de una cascada apacible, donde se refleja el rostro pensativo del poeta.

—¡Quietos!—dice Brook–. No perturbéis esa enajenada fantasía.

—¿Enajenada?

—Sí, por los espíritus idiotas del contorno. Algún alma de lego, que flota en el agua, le tiene asida la imaginación. O el alma colectiva de los que venían por sopa.

—¿Quién es?

—No importa su nombre. También es colectivo. ¿No lo veis coronado de flores naturales?

—Le vemos unas melenas.

—Forman parte de su uniforme. ¡Huyamos! Este caudal arrastra ripios. Prefiero que arrastre anguilas. Vamos a las pesqueras. Conoceremos allí, directamente, el sentido nutritivo del paisaje. La Abadía cultiva también el sentido lírico, pero con menos éxito: depende de los criaderos. El de truchas es más bello que el de estrofas.

—Hacen falta versos para el álbum y truchas para la

cocina, señor. Y todo es de muy buena calidad –apunta el guía–. El pozo adonde se asoma ahora el poeta es admirable. Hay peñas verdes, sauces, juncos, peces de piel de tigre, de tonos escarlata y de ámbar, ramas de coral. En ese pozo se han pescado muy ricos sonetos.

—Vamos a ver las truchas, amigo Baedeker.

Cinco, diez, veinte charcas de distintas dimensiones. Aquí viven las truchas infantiles, jugando al aro con ramitas curvadas. Ahí, las truchas adolescentes. En una charca van entrando las truchas maduras, que pronto emigrarán hacia la muerte. En esa charca, está el fondo lleno de unas plantas donde bullen millares de gusanillos. Es la despensa de las truchas. Con un palo, que lleva al extremo una suerte de zurrón, se extraen los gusanillos y se van repartiendo a las truchas. El gusanillo a la trucha, la trucha al turista, el turista a la administración... La república de las truchas está muy bien organizada. Sentido económico del paisaje.

—Prefiero el sentido patético, Brook –dice Paula.

—Vamos, pues, al *Lago del Silencio*. Les suplico que se callen, porque el silencio de ese lago tenemos que llevarlo nosotros. Verán un agua virgen; por tanto sin gracia alguna. No la rozó la tempestad. La *Peña de Satán* cayó un día en medio del agua, no se sabe cuándo. Desde entonces, arisco, desdeñoso, el lago no quiere charlar con las cascadas ni esconderse en las grutas. Aquí pasa el tiempo contemplándose a sí mismo. Nunca falta alguna rana, algún insecto que le cosquillee la piel; pero sólo esto y algún lugar común de los turistas altera su quietud. Véanlo y callen para no destrozar su prestigio. En el programa del turista se señala este lugar con cinco minutos de silencio en honor de Eufrosina[89].

---

89 *Eufrosina*: El nombre remite a una de las hijas de Zeus, y símbolo de la alegría. El personaje se convirtió en protagonista de la novela dialogada póstuma de Jarnés *Eufrosina o la gracia* (1948).

—¿Quién es Eufrosina?–preguntan.

—Una heroína medieval, que se arrojó al lago loca de amor.

—¡Cuente, cuente!

—Una bella cazadora, hija del caballero Peribáñez – uno de los muchos ilustres Peribáñez–, se pierde en el bosque y llega a internarse en los dominios de la Abadía. Queda allí dormida, sobre el césped, y la inquietud de su sueño va desordenando sus ropas, hasta quedar medio desnuda. Acude un monje, y en lugar de aquellas blancas delicias, sólo ve una linda cascada que nunca vio hasta entonces. Corre a avisar al abad, y todos los monjes vienen aquí a entonar un *Te Deum* por la nueva maravilla. Todos ven el agua, en vez de la voluptuosa cazadora; excepto el abad, que reconoce en la durmiente a Eufrosina Peribáñez. Secretamente, el abad encierra en su propia celda a la muchacha, mientras envía un mensajero al castillo del padre, y la cascada desaparece con gran asombro de los monjes, que atribuyen la pérdida a un castigo del cielo, y redoblan sus rezos para calmar la cólera divina. Acude Peribáñez a la celda, pero Eufrosina se niega rotundamente a abandonarla: se ha enamorado del abad, se enlaza a él, le besa, desdeña al padre que, sospechando de la complicidad del monje, se aleja vociferando, con el propósito de volver en son de guerra. El abad resiste el dulce asedio, pero una noche Eufrosina le arrastra al borde del lago y allí invita a gozar al angustiado monje, que sigue, heroicamente, resistiendo. Eufrosina, loca de amor, se entrega al blando elemento. Ahí está su espíritu en el fondo del lago. Su cuerpo lo extrajo el abad con riesgo de su vida. Al sacarlo del agua se le desvaneció entre las manos. Era Satán. Peribáñez vino a pedir mil perdones al abad. Eufrosina fue hallada en un campamento de gitanos, secuestrada. El abad enloqueció de horror..., ¡porque se había enamorado de Eufrosina, es decir, de Satanás! Se pasaba las noches asomado al agua. Hasta que murió. La verdadera Eufrosina murió de pena el mismo día.

Se asoman todos a ver el espíritu de Eufrosina. Hay en el fondo una maraña de algas y de juncos. Y fresnos, fresnos a lo largo de la orilla, por todas partes. Almeces, sauces, cambroneras, álamos.

Salen de la plazoleta, seguidos del fantasma de Eufrosina, cogidos a la maroma de un último rayo del sol, cabello rubio de algún hada. Brook se adelanta como un general vencedor del tiempo; blande su fantasía como una espada de caña, fanfarrona, triunfal.

Y todos penetran en el reino de los vivos. Se disparan de nuevo las risas, ocultas baterías emboscadas al paso del gran enemigo: el silencio. Vuelven a anudarse los diálogos. En dirección opuesta se acerca la razón social *Tres Hermanas Carmelinas, tres*.

—¡Carmela!

—¡Brook!

—¡ Rosaura!

—¡Julio!

—¡Aldonza!

Saludos, presentaciones, risas, guiños. Caras bobaliconas de Paula y Paulita. Sonrisa picaresca del Baedeker.

—Venimos a cantar tres noches —dice Carmela—. ¿Hay muchos turistas?

—Pocos, pero hay buen champán.

—¿Cenaremos juntos, Brook?

—Hasta podemos morir juntos, Carmela. ¿Quieres acompañarme? Representaremos una escena deliciosa.

—Conozco vuestras bromas. Un día me hacéis ser Andrómeda[90], otro día me compráis un cisne para que represente a Leda[91], después de convertirme en una cuba. Son ya muchos cuadros plásticos.

—Serás Eunice[92]. El último cuadro. Cenaremos aparte, en la celda de Antonio Pérez.

—Nosotras... –apunta tímidamente Paula.

—Pueden retirarse, si gustan. Porque la edición no es expurgada. En la de las familias te suprimen, Eunice.

—¿Quién es Antonio Pérez?

—No es un personaje del *Quo Vadis*[93]. Es una sombra enamorada de princesas, que –hace siglos– vino aquí huyendo del Demonio. De otro demonio. Porque hay un gran surtido. Y aquí se conocen todos, hasta el de Sócrates.

—¡Cuánto sabes, Brook!

—Sólo un poco más que tú. Para ti, el mundo se detiene en el siglo IV, cuando mueren las diosas que ahora, gracias a mí, vienes resucitando. Y se reanuda en pleno siglo XX. Haces bien en borrar quince siglos. Huelen a muchas cosas.

—¡A la celda de Pérez, esta noche!

Rosaura, Carmela y Aldonza se adelantan brincando. Brook, gravemente, estrecha las manos de Paula y da un beso en la frente a Paulita.

—A ti, Julio, voy a darte unos papeles. Y mis apuntes. Te nombro heredero de un puñado de fantasmas.

---

90   *Andrómeda*: En la mitología griega, hija de los reyes Cefeo y Casiopea. Sus padres la encadenaron desnuda a una roca para calmar la ira de un monstruo marino que amenazaba con acabar con los hombres. Perseo se enamoró de ella y la salvó convirtiendo al monstruo en un coral.

91   *Leda*: En la mitología griega, Leda, esposa del rey Tindáreo de Esparta, fue seducida por el rey de los dioses, Zeus, transformado en cisne, que fingiendo ser perseguido se posó en ella.

92   *Eunice*: Una de las ninfas del mar según la mitología clásica, cuyo nombre significa «feliz victoria».

93   *Quo vadis?*: Exitosa novela histórica del escritor polaco Henryk Sienkiewicz (1846-1916), ambientada en la Roma de los tiempos de Nerón.

—No siga la broma, amigo Brook.

—Sí, es preciso. Vamos a cenar y a morir. Cronos, el gran tirano, va a enviarme su sentencia inapelable. Yo me anticipo a él. Es lo más airoso.

6

Una jaula ardiente entre los fresnos de la vieja Abadía. Las leyendas, azoradas, se refugiaron en las grutas. Las sombras, al sentir el fulminante latigazo eléctrico, huyeron ladrando a esconderse en las entrañas del río.

La montaña se desciñó su túnica morada, su túnica ceniza. Es una dolorosa que aguarda siempre su pascua al primer día. (El cartón denegrido de su cara se pinta cada mañana de rosa y de gris claro. Sus mechones ralos, amarillos –de aliagas, de ontinas–, se empapan de juveniles escarlatas. Luego el sol le derrite la pintura, pero la montaña ensaya nuevas coqueterías: cambia los chillones rojos y verdes de su túnica por suaves damascos limón y cereza, un cereza extenuado, sensitivo –porque hay en las cerezas percales plebeyos y pálidas sedas que tientan a la caricia voluptuosa de los dedos y de los ojos–. Ahora tiene sueltos los bordes de su túnica, porque en el caserío, desperdigado a lo lejos, le prendan luciérnagas de oro.)

En la celda, Eunice, la princesa de Éboli, Teresa Mancha[94], Julio, Brook. Separados por un racimo de plátanos, ocho manzanas, tres melocotones, loza, cristal, despojos de fruta; por un espléndido tema de bodegón con su escala de granates, de verdes, de amarillos. Hay frutas

---

94 *Teresa Mancha*: (1811-1839) amante del poeta romántico José de Espronceda.

intactas y frutas abiertas. Unas ofrecen el curvo contorno de su tersa epidermis; otras, su intimidad desgarrada, sangrienta. Sólo que, en ellas, la sangre tiene color de miel.

—Estás entre dos épocas, Julio –dice Brook–. Debes escoger. No importa que a Aldonza le falte históricamente un ojo y a Rosaura le sobren líricamente algunas docenas de octavas reales. Son dos encantadores entes representativos.

—No escojo. Me cuelgo al siglo XVI de un brazo y al XIX del otro.

—Reñirán.

—Aunque riñan.

La de Éboli se sofoca bajo sus terciopelos, y comienza a desabrocharse como en la cámara del Demonio. Teresa, turbios los ojos, pide tenazmente más champán.

Sólo Eunice se mantiene serena, reclinada su frente en el pecho de Brook. Julio –trocado en un Antonio Pérez muy discutible, como todo el pequeño guardarropa del teatrillo– se va quedando dormido sobre el mantel.

—¡Noticias, noticias del Demonio, señor secretario Pérez! –grita Brook–. Reanímese. Mi reina Isabel exige de vos un puntual relato de la vida política de esa corte endemoniada. Soy embajador de vuestra peor enemiga.

—Guardo el secreto. Parto para Augusta.

—Sed precavido. En lugar de acogeros a ese pobre Lanuza[95], venid conmigo a la invicta Inglaterra.

—Sí, sí, noticias del Demonio –tartamudea la de Eboli.

—Del gran verdugo de esta Abadía –prosigue Brook–. Vos, secretario Pérez, habéis sufrido su cruda

---

95 *Lanuza*: Juan de Lanuza y Urrea (1564-1591) fue un Justicia de Aragón bajo cuya protección se colocó Antonio Pérez cuando cayó en desgracia ante el rey Felipe II.

persecución, como los monjes y los ángeles custodios de los monjes. Describid su facha. ¿Es tan negro y enjuto como dicen? Relatad. La princesa se duerme. Querría evocar sus tiempos de privanza.

—¿Y Escobedo? –añade la de Éboli.

—¡Noticias, noticias de la corte sombría, secretario Pérez!

Irrumpe Eunice:

—En nombre de mi época, señor secretario Pérez, negáos a destapar vuestro cofre de fantasmas.

—¡Bien, Eunice, bien!–dice Brook–. *Recedant somnia*[96]! ¡Acérquese el champán! Quiero borrarme del inundo entre caricias de mujer y salvas de botella... Camarero, vos no sois de nuestra época.

—Tampoco el champán, señor –dice zumbón, el camarero.

—Decís bien. Podéis retiraros.

—¡Leyendas, Brook, leyendas!

—¡No! Basta de leyendas. ¡Vino! Quiero cantar a la alegría, y desaparecer antes de que el gran tirano me envíe su estúpido decreto. Ven, Eunice; no bebas más, para que puedas resistir mi despedida. Fustígame por última vez con la vara de jacintos del deseo. El espíritu se me sube a los labios, está a punto de abrir las alas, pero aún le queda un minuto para darte un beso. No puedo ya detenerme. «¡El mundo... es una puerta abierta sobre mil desiertos fríos y mudos! Aquél que ha perdido lo que yo perdí, no puede ya detenerse en ninguna parte»[97]. Esto decía el gran poeta, y esto repito yo. Mis días, como dóciles corderos, van siguiéndome uno tras otro y hundiéndose todos en la

---

96 *Recedant somnia*: «Sin ilusiones», frase que forma parte del himno litúrgico «Te lucis ante terminum», cantado por los monjes al final de la jornada.

97 *... ninguna parte*: versos del poema «Abschied» de F. Nietzsche.

sima. Este día de hoy, prendido al fin de la cadena, va a seguir el ritmo de los otros. Preferí emplearlos en aprender el arte más profundo de la tierra, el arte de reír, pero el espíritu no es capaz de risa si en el pecho sólo quedan cenizas. Porque soy un hombre desmoronado, voy a licenciar mi espíritu. No quiero ser mi misma caricatura.

—¡Bravo! ¡Bravo!

—Gracias, querido auditorio.

—¡Que continúe nuestro ilustre suicida!

—Os contaré mi última historia: la historia de la alegría, reina y señora de esta pequeña farsa y de todas las farsas y verdades de mi vida... Señores: En el principio, la alegría comenzó por no existir. El hombre, al tropezar con las cosas, con el resto de los seres vivos, comenzó por reaccionar llorando. Sólo pudo nacer la alegría en los tiempos en que el hombre transformó la tierra haciéndola habitable. La invención –el hallazgo– de la alegría fue la señal definitiva de haber aparecido la razón sobre la tierra. El bruto comenzó a sonreír. La historia de la sonrisa es la misma historia de la clara inteligencia. Comenzaría la risa estúpida, fisiológica, que iría estilizándose, apagando sus ruidos, hasta quedar convertida en ese rico ademán donde el rostro pone en juego sus perfiles más puros. Cuando la inteligencia quiso hallar una preciosa forma de expresión, inventó la sonrisa. Primero, iba mezclada a pequeñas dosis con el llanto; fue aumentando la proporción; fue creciendo la invasión de la alegría, hasta quedar dominadora. Al principio el arte ofrecía tres tragedias esquilmas por una comedia de Aristófanes; pero había de llegar un siglo que, todo él, transcurriese bajo el signo de la aguda sonrisa: el XVIII. La invasión creció, cautelosamente, a espaldas de la plebe. Cuando la plebe se dio cuenta, se vengó cruelmente, y volvió a implantar, entre picas sangrientas y desaforados gritos, el reinado del dolor... ¿Os dormís, Teresa Mancha?

Teresa no responde. Su cara, sumida entre dos melocotones, ha quedado en un beatífico reposo.

—Por su misma limitación de gestos, por su leal horror a lo desmesurado, nunca pudo la sonrisa ser popular como lo fue siempre el dolor, como lo fue siempre la risa fisiológica, producida fácilmente –en la pista– por una mano que choca con un rostro, por dos palabras que –en el mal sainete– se combinan con estrépito para formar un retruécano. El arte de sonreír es un arte que nunca llegó a prender en las muchedumbres, tan dispuestas a dejarse contaminar por el llanto. Por eso prefirió confinarse, temerosa del lodo plebeyo. Renunció al gran aplauso de los que miden el arte por el grado de periférica ternura que provoca. Cuando el arte pretendió ser risueño ya sabía que, como corolario, habría de ser impopular. La alegría intelectual, donde cabe tanta sensualidad, la gran alegría del gran arte, sólo puede ser fruto de una victoria definitiva sobre los informes, sobre los toscos materiales que aportan el instinto, el suceso, la pasión «volcánica» con sus bajas peripecias. Sólo puede ser fruto del triunfo de la razón sobre la pesadumbre de la bestia... ¿Os dormís, princesa?

La princesa de Eboli no responde. Su ojo sano se cerró sobre una copa volcada.

—Si la risa es peculiar del hombre, la sonrisa es peculiar del hombre inteligente. El dolor envuelve en brumas el espíritu. El llanto es como una densa lluvia que desciende ante el primer término de todo paisaje humano. El llanto es una máscara, una trinchera, un pozo de fácil tirador. La sonrisa, en cambio, desnuda al hombre, abre en él de par en par una ventana a las ágiles cosas exteriores que, alegremente, le invaden. La sonrisa destruye toda ficción y revela un individuo. Si el llanto es específico –todos lloramos lo mismo–, si el llanto es deformador y tiende a una uniforme fealdad, la sonrisa es individual –todos los que sonríen, sonríen de modo diferente–; tiende a crear estilos personales, a señalar perfiles originales de espíritus. A crear, en fin, bellezas nuevas. La sociedad –siempre trivial– prescribe vanas fórmulas de júbilo, antifaces, máscaras de alegría; la naturaleza es incapaz de provocar sonrisas; a lo más, un estado de laxitud, de grato reposo. La verdadera alegría –dinámica siempre– enciende en el cerebro impulsos renovados. La verdadera alegría es fruto del arte. Hay un arte de la alegría, que puede confundirse con el gran arte de toda una época. Que nunca podrá prender en las muchedumbres, engolosinadas tenazmente con el dolor, con el gran gesto patético. El dolor es lo fácil; la alegría, lo difícil. Para conmover trágicamente, basta un latiguillo, ¿no es verdad, Teresa Mancha?

—Teresa Mancha ha vuelto a su siglo. No pudo resistir tu champán ni tu discurso. Se ha dormido. Y con ella nuestra ilustre amiga, representante hoy aquí de una corte de sombras. Yo sí puedo comprenderte. Yo puedo comprender todas las épocas donde el hombre es capaz de morir sonriendo y charlando con los amigos –contesta Eunice–. El siglo de Teresa es de estilo «triste». Y el de la princesa. Dejemos que duerman. Julio, vamos a coronar de rosas a nuestro pálido viajero.

—Preferiría la vara de jacintos con que Eros fustigó al genial Anacreonte[98].

98　*Anacreonte*: Poeta griego del siglo V a.C., famoso por su lírica de tono hedonista e irónico.

—Os azotaré con ella esta noche, hasta que quede-
mos rendidos.

—No puedo retrasar mi marcha. La reina Isabel me
espera en los Campos Elíseos.

—Y a mí me aguarda Lanuza –añade Julio.

—Callad, secretario Pérez, y ayudadme a tejer la
corona.

Eunice recoge de la mesa un puñado de rosas y teje
una corona que ciñe graciosamente a las sienes de Brook.

—¡Estáis encantador! –comenta Julio.

—¡Miraos, Brook! –agrega Eunice, ofreciéndole un
espejito.

Brook se contempla en el espejo y palidece. Se le oye
balbucir:

—El *ukase*[99].

Se pasa las manos por la frente. Se desprende brusco,
rápido, de los brazos de Eunice. Toma y llena una copa,
tambaleándose. Sonríe...

Duda un poco. Al fin se levanta de la silla, se acerca
a la ventana, alza la copa y grita:

—Porque algún día la dinamita vuele también este
viejo cascarón de leyendas, y sobre la hierba y con el ritmo
perenne del agua, un equipo de gimnastas desnudas puri-
fiquen de espectros la Abadía. ¡Salud, amigos!

Es imposible evitarlo. Brook arroja a las sombras el
vino, y se dispara dos tiros en la sien.

(1929)

---

99   *Ukase*: Proclama formal que el zar promulgaba en la Rusia imperial y, por
extensión, mandato riguroso y excesivo.

Nota final

De nuevo en el andén. Otra vez en la ciudad. Salí de aquí sin equipaje emocional alguno; vuelvo abrumado.

Fracasó mi pretendida cura de silencio. Ya siento dentro de mí, perennemente, un alboroto. Me siguió un tropel de fantasmas: Brook me los legó con sus apuntes, es decir, con la espuma de su vida.

Y con ellos, su vibración robusta. Prendió en mí su alegría, su sed de fertilizar cada hora con un nuevo afán, con una idea nueva.

Allá queda, el afortunado amigo, en la Abadía de los Fresnos, entre cadáveres de faunos y exclamaciones de turistas. Acorraló siempre a la melancolía —tuberculosis del espíritu— y, plenamente, la venció. Hizo añicos el dolor. A una muerte lenta prefirió el brusco tijeretazo. Paró su vida en el minuto en que comenzaba a parecerse a la muerte.

Cuando vino el juez a levantar los despojos, le tendí un cuaderno donde Brook había escrito:

«Veo, al entrar, bajo guirnaldas de color limón y chocolate, un rostro lamentable, resquebrajado, estúpido, que acarician cuatro manos de alquiler. Le tañen como un desvencijado clavicordio. Veo una mesa convulsa, como un lecho de placer; capas volcadas, rotas: vino derramado, frutas abiertas, rosas... El rostro me es de sobra conocido. Es el mío. ¡El mío, dentro de algunos años, hoy profanado por un falso júbilo mercenario, juguete de una farsa de amor, de una cómica voluptuosidad! Veo mi pobre yo futuro hecho un tonel, befado, sonsacado, víctima de dos infelices rameras que me coro-

nan de papel. Este rostro largamente elaborado, solícitamente modelado por tantas generaciones de espíritus alertas, destruido en un momento por algunas botellas, por unos besos sin fiebre, por una burlesca diadema. ¡Ecce Homo!... No, no repetiré esa escena. Nadie presenciará, entre carcajadas, mi propio desmoronamiento. Cuando a mi oído llegue esa sutil llamada del tirano, que invita a los menudos obreros interiores a alzar la piqueta para iniciar el derribo, yo mismo acudiré, antes que nadie, al llamamiento; yo adelantaré el primer golpe. Con la misma alegría que he vivido, moriré».

El juez me devolvió el cuaderno, petulante:

—¡Bah! Eso es música. Es la Bolsa. Jugaba sin tino. La Bolsa. O alguna mujer.

No contesté. No debí mostrarle el cuaderno. No hacía falta en el sumario.

Algún día haré que se publique.

www.ingramcontent.com/pod-product-compliance
Lightning Source LLC
Chambersburg PA
CBHW020659030726
47498CB00002B/575